宋 歐陽修 宋祁 撰

新唐書

第三册

卷二八至卷三六（志）

中華書局

唐書卷二十八上

志第十八上

曆四上

開元大衍曆演紀上元閼逢困敦之歲，距開元十二年甲子，積九千六百九十六萬一千七百四十算。

一曰步中朔術

通法三千四十。

策實百一十一萬三百四十三。

揲法八萬九千七百七十三。

滅法九萬一千二百。

策餘萬五千九百四十三。

用差萬七千一百二十四。

掛限八萬七千一十八。

三元之策十五，餘六百六十四，秒七。

四象之策二十九，餘千六百一十三。

中盈分千三百二十八，秒十四。

朔虛分千四百二十七。

爻數六十〔二〕。

象統二十四。

以策實乘積算，曰中積分。盈通法得一，爲積日。爻數去之，餘起甲子算外，得天正中氣。凡分爲小餘，日爲大餘。加三元之策，得次氣。凡率相因加者，下有餘秒，皆以類相從。而滿法迭進，用加上位。日盈爻數去之。

以揲法去中積分，不盡曰歸餘之掛。以減中積分，爲朔積分。如通法爲日，去命如前，得天正經朔。加一象之日七、餘千一百六十三少，得上弦。倍之，得望。參之，得下弦。四之，是謂一揲，得後月朔。凡四分，一爲少，三爲太。綜中盈、朔虛分，累益歸餘之掛，每其月閏衰。凡歸餘之掛五萬六千七百六十以上，其歲有閏〔三〕。因考其閏衰，滿掛限以上，其月合置閏。或以進退，皆以定朔無中氣裁焉。

凡常氣小餘不滿通法、如中盈分之半已下者，以象統乘之，內秒分，參而伍之，以減策實；不盡，如策餘爲日。命常氣初日算外，得沒日。凡經朔小餘不滿朔虛分者，以小餘減通法，餘倍參伍乘之，用減滅法；不盡，如朔虛分爲日。命經朔初日算外，得滅日。

二曰發斂術

天中之策五，餘二百二十一，秒三十一；秒法七十二。
地中之策六，餘二百六十五，秒八十六；秒法百二十。
貞悔之策三，餘百三十二，秒百三。
辰法七百六十。
刻法三百四。

各因中節命之，得初候。加天中之策，得次候。又加，得末候。因中氣命之，得公卦用事。以地中之策累加之，得次卦，若以貞悔之策加侯卦，得十有二節之初外卦用事。因四立命之，得春木、夏火、秋金、冬水用事。以貞悔之策減季月中氣，得土王用事。凡相加減而秒母不齊，當令母互乘子，乃加減之；母相乘為法。

常氣月中節四正卦	初候	次候	末候	始卦	中卦	終卦
冬至十一月中坎初六	丘蚓結	麋角解	水泉動	公中孚	辟復	侯屯內
小寒十二月節坎九二	鴈北鄉	鵲始巢	野雞始雊	侯屯外	大夫謙	卿睽
大寒十二月中坎六三	雞始乳	鷙鳥厲疾	水澤腹堅	公升	辟臨	侯小過內
立春正月節坎六四	東風解凍	蟄蟲始振	魚上冰	侯小過外	大夫蒙	卿益
雨水正月中坎九五	獺祭魚	鴻鴈來	草木萌動	公漸	辟泰	侯需內
驚蟄二月節坎上六	桃始華	倉庚鳴	鷹化為鳩	侯需外	大夫隨	卿晉
春分二月中震初九	玄鳥至	雷乃發聲	始電	公解	辟大壯	侯豫內
清明三月節震六二	桐始華	田鼠化為鴽	虹始見	侯豫外	大夫訟	卿蠱
穀雨三月中震六三	萍始生	鳴鳩拂其羽	戴勝降于桑	公革	辟夬	侯旅內

立夏 四月節 震九四	螻蟈鳴	丘蚓出	王瓜生	侯旅外	大夫師	卿比
小滿 四月中 震六五	苦菜秀	靡草死	小暑至	公小畜	辟乾	侯大有內
芒種 五月節 震上六	螳蜋生	鵙始鳴	反舌無聲	侯大有外	大夫家人	卿井
夏至 五月中 離初九	鹿角解	蜩始鳴	半夏生	公咸	辟姤	侯鼎內
小暑 六月節 離六二	溫風至	蟋蟀居壁	鷹乃學習	侯鼎外	大夫豐	卿渙
大暑 六月中 離九三	腐草爲螢	土潤溽暑	大雨時行	公履	辟遯	侯恆內
立秋 七月節 離九四	涼風至	白露降	寒蟬鳴	侯恆外	大夫節	卿同人
處暑 七月中 離六五	鷹祭鳥	天地始肅	禾乃登	公損	辟否	侯巽內
白露 八月節 離上九	鴻鴈來	玄鳥歸	羣鳥養羞	侯巽外	大夫萃	卿大畜
秋分 八月中 兌初九	雷乃收聲	蟄蟲培戶	水始涸	公賁	辟觀	侯歸妹內
寒露 九月節 兌九二	鴻鴈來賓	雀入大水爲蛤	菊有黃華	侯歸妹外	大夫無妄	卿明夷
霜降 九月中 兌六三	豺乃祭獸	草木黃落	蟄蟲咸俯	公困	辟剝	侯艮內
立冬 十月節 兌九四	水始冰	地始凍	野雞入水爲蜃	侯艮外	大夫既濟	卿噬嗑

小雪十月中兌九五	虹藏不見	天氣上騰地氣下降	閉塞而成冬	公　大過	辟　坤	侯　未濟內
大雪十一月節兌上六	鶡鳥不鳴	虎始交	荔挺生	侯　未濟外	大夫　蹇	卿　頤

各以通法約其月閏衰，爲日，得中氣去經朔日算。求卦、候者，各以天、地之策，累加減之。凡發斂加時，各置其小餘，以六爻乘之，如辰法而一，爲半辰之數。不盡者，三約爲分〔三〕。分滿刻法爲刻。若令滿象積爲刻者，即置不盡之數，十之，十九而一，爲分。命辰起子半算外〔四〕。

三曰步日躔術

乾實百一十一萬三百七十九太。

周天度三百六十五，虛分七百七十九太。

歲差三十六太。

定氣	盈縮分	先後數	損益率	朓朒積
冬至	盈二千三百五十三	先端	益百七十六	朒初
小寒	盈千八百四十五	先二千三百五十三	益百三十八	朒百七十六
大寒	盈千三百九十	先四千一百九十八	益百四	朒三百一十四
立春	盈九百七十六	先五千五百八十八	益七十三	朒四百一十八
雨水	盈五百八十八	先六千五百六十四	益四十四	朒四百九十一
驚蟄	盈二百一十四	先七千一百五十二	益十六	朒五百三十五
春分	縮二百一十四	先七千三百六十六	損十六	朒五百五十一
清明	縮五百八十八	先七千一百五十二	損四十四	朒五百三十五
穀雨	縮九百七十六	先六千五百六十四	損七十三	朒四百九十一
立夏	縮千三百九十	先五千五百八十八	損百四	朒四百一十八
小滿	縮千八百四十五	先四千一百九十八	損百三十八	朒三百一十四
芒種	縮二千三百五十三	先二千三百五十三	損百七十六	朒百七十六

夏至	縮二千三百五十三	後端	益百七十六	朓初
小暑	縮千八百四十五	後二千三百五十三	益百三十八	朓百七十六
大暑	縮千三百九十	後四千一百九十八	益百四	朓三百一十四
立秋	縮九百七十六	後五千五百八十八	益七十三	朓四百一十八
處暑	縮五百八十八	後六千五百六十四	益四十四	朓四百九十一
白露	縮二百一十四	後七千一百五十二	益十六	朓五百三十五
秋分	盈二百一十四	後七千三百六十六	損十六	朓五百五十一
寒露	盈五百八十八	後七千一百五十二	損四十四	朓五百三十五
霜降	盈九百七十六	後六千五百六十四	損七十三	朓四百九十一
立冬	盈千三百九十	後五千五百八十八	損百四	朓四百一十八
小雪	盈千八百四十五	後四千一百九十八	損百三十八	朓三百一十四
大雪	盈二千三百五十三	後二千三百五十三	損百七十六	朓百七十六

以盈縮分盈減、縮加三元之策，爲定氣所有日及餘。乃十二乘日，又三其小餘，辰法約而一，從之，爲定氣辰數。不盡，十之，又約爲分。以所入氣并後氣盈縮分，倍六爻乘之，綜兩氣辰數除之，爲末率。又列二氣盈縮分，皆倍六爻乘之，各如辰數而一；以少減多，餘爲氣差。至後以差加末率，分後以差減末率，爲初率。倍氣差，亦倍六爻乘之，復綜兩氣辰數除，爲日差。半之，以加減初末，各爲定率。以日差至後以減、分後以加氣初定率，爲每日盈縮分。乃馴積之，隨所入氣日加減氣下先後數，各其日定數。其求朓朒倣此。冬至後爲陽復，在盈加之，在縮減之；夏至後爲陰復，在縮加之，在盈減之。距四正前一氣，在陰陽變革之際，不可相并，皆因前末爲初率。以氣差至前加之，分前減之，爲末率。餘依前術，各得所求。其分不滿全數，母又每氣不同，當退法除之。以百爲母，半已上，收成一。冬至、夏至皆得天地之中，無有盈縮。餘各以氣下先後數先減、後加常氣小餘，滿若不足，進退其日，得定大小餘。凡推日月度及軌漏、交蝕，依定氣；注曆，依常氣；以減經朔、弦、望，各其所入日算。若大餘不足減，加交數，乃減之。減所入定氣日算一，各以日差乘而半之；前少以加、前多以減氣初定率，以乘其所入定氣日算及餘秒。凡除者〔五〕，先以母通全，內子，乃相乘；母相乘除之。所得以損益朓朒積，各其入朓朒定數。若非朔望有交者，以十二乘所入日算，三其小餘，辰法除而從之；以乘損益率，如定氣辰數而一。所得以損益朓朒積，各爲定數。

南斗二十六，牛八，婺女十二，虛十，虛分七百七十九太。危十七，營室十六，東壁九，奎十六，婁十二，胃十四，昴十一，畢十七，觜觿一，參十，東井三十三，輿鬼三，柳十五，七星七，張十八，翼十八，軫十七，角十二，亢九，氐十五，房五，心五，尾十八，箕十一，爲赤道度。其畢、觜觿、參、輿鬼四宿度數，與古不同。依天以儀測定，用爲常數。紘帶天中，儀極攸憑，以格黃道。

推冬至歲差所在，每距冬至前後各五度爲限，初數十二，每限減一，盡九限，數終於四。當二立之際，一度少強，依平。乃距春分前、秋分後，初限起四，每限增一，盡九限，終於十二，而黃道交復。計春分後、秋分前，亦五度爲限。初數十二，盡九限，數終於四。當二立之際，一度少強，依平。乃距夏至前後，初限起四，盡九限，終於十二。皆累裁之，以數乘限度，百二十而一，得度。不滿者，十二除，爲分。若以十除，則大分，十二爲母，命太、半、少及強、弱。命曰黃赤道差數。二至前後各九限，以差減赤道度，二分前後各九限，以差加赤道度，各爲黃道度。

開元十二年，南斗二十三半，牛七半，婺女十一少，虛十，六虛之差十九太。危十七太，營室十七少，東壁九太，奎十七半，婁十二太，胃十四太，昴十一，畢十六少，觜觿一，參九少，東井三十，輿鬼二太，柳十四少，七星六太，張十八太，翼十九少，軫十八太，角十三，亢九半，氐十五太，房五，心四太，尾十七，箕十少，爲黄道度，以步日行。月與五星出入，循此。求此宿度，皆有餘分，前後輩之成少、半、太，準爲全度。若上考往古，下驗將來，當據歲差，每移一度，各依術算，使得當時度分，然後可以步三辰矣。

以乾實去中積分；不盡者，盈通法爲度。命起赤道虛九，宿次去之，經虛去分，至不滿宿算外，得冬至加時日度。以三元之策累加之，得次氣加時日度。

以度餘減通法；餘以冬至日躔距度所入限數乘之，爲距前分。置距度下黄赤道差，以通法乘之，減去距前分；餘滿百二十除，爲定差。不滿者，以象統乘之，復除，爲秒分。乃以定差減赤道宿度，得冬至加時黄道日度。

又置歲差，以限數乘之，滿百二十除，爲秒分。不盡爲小分。以加三元之策，因累裁之。命以黄道宿次，各得定氣加時日度。

置其氣定小餘，副之。以乘其日盈縮分，滿通法而一，盈加、縮減其副。用減其日加時度餘，得其夜半日度。因累加一策，以其日盈縮分盈加、縮減度餘，得每日夜半日度。

四日步月離術

轉終六百七十萬一千二百七十九。

轉終日二十七，餘千六百八十五，秒七十九。

轉法七十六。

轉秒法八十。

以秒法乘朔積分，盈轉終去之；餘復以秒法約，爲入轉分；滿通法，爲日。命日算外，得天正經朔加時所入。因加轉差日一、餘二千九百六十七、秒一，得次朔。以一象之策，循變相加，得弦、望。盈轉終日及餘秒者，去之。各以經朔、弦、望小餘減之，得其日夜半所入。

轉日	轉分	列衰	轉積度	損益率	朓朒積
一日	九百一十七	進十三	度初	益二百九十七	朒初
二日	九百三十	進十三	十二度五分	益二百五十九	朒二百九十七
三日	九百四十三	進十三	二十四度二十三分	益二百二十	朒五百五十六

四日	九百五十六	進十四	三十六度五十四分	益百八十	朒七百七十六
五日	九百七十	進十四	四十九度二十二分	益百三十九	朒九百五十六
六日	九百八十四	進十六	六十二度四分	益九十七	朒千九十五
七日	千	進十八	七十五度空	初益四十八 末損六	朒千一百九十二
八日	千一十八	進十九	八十八度十二分	損六十四	朒千二百三十四
九日	千三十七	進十四	百一度四十二分	損百六	朒千一百七十
十日	千五十一	進十四	百一十五度十五分	損百四十八	朒千六十四
十一日	千六十五	進十四	百二十九度二分	損百八十九	朒九百一十六
十二日	千七十九	進十三	百四十三度三分	損二百二十九	朒七百二十七
十三日	千九十二	進十三	百五十七度十八分	損二百六十七	朒四百九十八
十四日	千一百五	進十 退三	百七十一度四十六分	初損二百三十一 末益六十六	朒二百三十一
十五日	千一百一十二	退十三	百八十六度十一分	益二百八十九	朓六十六
十六日	千九十九	退十三	二百度五十九分	益二百五十	朓三百五十五

十七日	千八十六	退十三	二百一十五度十八分	益二百一十一	朓六百五
十八日	千七十三	退十四	二百二十九度四十分	益百七十一	朓八百一十六
十九日	千五十九	退十四	二百四十三度四十九分	益百三十	朓九百八十七
二十日	千四十五	退十七	二百五十七度四十四分	益八十七	朓千一百一十七
二十一日	千二十八	退十八	二百七十一度二十五分	初益三十六 末損十八	朓千二百四
二十二日	千一十	退十八	二百八十四度六十五分	損七十三	朓千二百二十二
二十三日	九百九十二	退十四	二百九十八度十一分	損百一十六	朓千一百四十九
二十四日	九百七十八	退十四	三百一十一度十五分	損百五十七	朓千三十三
二十五日	九百六十四	退十四	三百二十四度五分	損百九十八	朓八百七十六
二十六日	九百五十	退十三	三百三十六度五十七分	損二百三十七	朓六百七十八
二十七日	九百三十七	退十三	三百四十九度十九分	損二百七十六	朓四百四十一
二十八日	九百二十四	退七 進六	三百六十一度四十四分	初損百六十五 末益入後	朓百六十五

各置朔、弦、望所入轉日損益率，并後率而半之，爲通率。又二率相減，爲率差。前多者，以入餘減通法，餘乘率差，盈通法得一，并率差而半之；前少者，半入餘，乘率差，亦以通法除之；爲加時轉率。乃半之，以損益加時所入，餘爲轉餘。其轉餘，應益者，減法；應損者，因餘；皆以乘率差，盈通法得一，加於通率，轉率乘之，通法約之，以朓減、朒加轉率，爲定率。乃以定率損益朓朒積，爲定數。其後無同率者，亦因前率。應益者，以通率爲初數，半率差而減之；應損者，即爲通率。其損益入餘進退日，分爲二日，隨餘初末，如法求之。所得並以損益轉率。此術本出皇極曆，以究算術之微變。若非朔望有交者，直以入餘乘損益率，如通法而一，以損益朓朒，爲定數。

七日：初數二千七百一，末數三百三十九。十四日：初數二千三百六十三，末數六百七十七。二十一日：初數二千二十四，末數千一十六。二十八日：初數千六百八十六，末數千三百五十四。以四象約轉終，均得六日二千七百一分。就全數約爲九分日之八。各以減法，餘爲末數。乃四象馴變相加，各其所當之日初末數也。視入轉餘，如初數已下者，加減損益，因循前率。如初數以上，則反其衰，歸于後率云。

各置朔、弦、望大小餘，以入氣、入轉朓朒定數，朓減、朒加之，爲定朔、弦、望大小餘。定朔日名與後朔同者，月大；不同者，小；無中氣者，爲閏月。凡言夜半，皆起晨前子正之中。若注曆，觀弦、望定小餘，不盈晨初餘數者，退一日。其望有交、起虧在晨初已前者，亦如之。又月行九道遲疾，則有三大二小。

以日行盈縮累增損之，則容有四大三小，理數然也。若俯循常儀，當察加時早晚，隨其所近而進退之，使不過三大三小〔六〕。其正月朔有交、加時正見者，消息前後一兩月，以定大小，令虧在晦、二。定朔、弦、望夜半日度各隨所直日度及餘分命之。乃列定朔、望小餘，副之〔七〕。以乘其日盈縮分，如通法而一，盈加、縮減其副。以加夜半日度，各得加時日度。

凡合朔所交，冬在陰曆，夏在陽曆，月行青道；冬至、夏至後，青道半交在春分之宿，當黃道東。立冬、立夏後，青道半交在立春之宿，當黃道東南。至所衝之宿，亦如之。冬在陽曆，夏在陰曆，月行白道；冬至、夏至後，白道半交在秋分之宿，當黃道西。立冬、立夏後，白道半交在立秋之宿，當黃道西北。至所衝之宿，亦如之。春在陽曆，秋在陰曆，月行朱道；春分、秋分後，朱道半交在夏至之宿，當黃道南。立春、立秋後，朱道半交在立夏之宿，當黃道西南。至所衝之宿，亦如之。春在陰曆，秋在陽曆，月行黑道。春分、秋分後，黑道半交在冬至之宿，當黃道北。立春、立秋後，黑道半交在立冬之宿，當黃道東北。至所衝之宿，亦如之。四序離爲八節，至陰陽之所交，皆與黃道相會，故月有九行。各視月交所入七十二候距交初中黃道日度，每五度爲限，亦初數十二，每限減一，數終於四，乃一度強，依平。更從四起，每限增一，終於十二，而至半交，其去黃道六度。又自十二，每限減一，數終於四，亦一度強，依平。更從四起，每限增一，終於十二，復與日軌相會。各累計其數，以乘限度，二百四十而一，得度。不滿者，二十四除，爲分，若以二十除之，則大分，以十二爲母。爲月行與黃道差數。距半交前後各九限，以差數爲減；距正交前後各九限，以差數爲加。此加減出入六度，單與黃道相較之數。若較之赤道，則隨氣遷變不常。計去冬至、夏至以來候數，乘黃道所差，十八而一，爲月行與赤道差數。凡日以赤道內爲陰，外爲陽；月以黃道內爲陰，外爲陽。故月行宿度，入春分交後行陰曆、秋分交後行陽曆，皆爲同名。若入春分交後行陽曆、秋分交後行陰曆，皆爲異名。其在同名，以差數爲加者，加之；減者，減之。若在異名，以差數爲加者，減之；減者，加之。皆以增損黃道度，爲九道定度。

各以中氣去經朔日算，加其入交汎，乃以減交終，得平交入中氣日算。滿三元之策去之，餘得入後節日算。因求次交者，以交終加之，滿三元之策去之，得後平交入氣日算。

各以氣初先後數先加、後減之，得平交入定氣日算。倍六爻乘之，三其小餘，辰法除而從之；以乘其氣損益率，如定氣辰數而一；所得以損益其氣朓朒積，爲定數。

又置平交所入定氣餘，加其日夜半入轉餘，以乘其日損益率，滿通法而一，以損益其日朓朒積，交率乘之，交數而一，爲定數。乃以入氣入轉朓朒定數，朓減、朒加平交入氣餘，滿若不足，進退日算，爲正交入定氣日算。其入定氣餘，副之，乘其日盈縮分，滿通法而一，以盈加、縮減其副，以加其日夜半日度，得正交加時黃道日度。以正交加時度餘減通法，餘以正交之宿距度所入限數乘之，爲距前分。置距度下月道與黃道差，以通法乘之，減去距前分，餘滿二百四十除，爲定差。不滿者一退爲秒。以定差及秒加黃道度，餘，仍計去冬至、夏至已來候數乘定差，十八而一；所得依名同異而加減之，滿若不足，進退其度，得正交加時月離九道宿度。

各置定朔、弦、望加時日度，從九道循次相加。凡合朔加時，月行潛在日下，與太陽同度，是謂離象。先置朔、弦、望加時黃道日度，以正交加時所在黃道宿度減之；餘以加其正交九道宿度，命起正交宿度算外，即朔、弦、望加時所當九道宿度也。其合朔加時，若非正交，則日在黃道，月在九道，各入宿度雖多少不同，考其去極，若應繩準。故云：月行潛在日下，與太陽同度。以一象之度九十一、餘九百五十四、秒二十二半爲上弦，兌象。倍之，而與日衝，得望，坎象。參之，得下弦，震象。各以加其所當九道宿度，秒盈象統從餘，餘滿通法從度，得其日加時月度。綜五位成數四十，以約度餘，爲分。不盡者，因爲小分。

視經朔夜半入轉，若定朔大餘有進退者，亦加減轉日。否則因經朔爲定。累加一日，得次日。各以夜半入轉餘乘列衰，如通法而一；所得以進加、退減其日轉分，爲月轉定分。滿轉法，爲度。

視定朔、弦、望夜半入轉，各半列衰以減轉分。退者，定餘乘衰，以通法除，并衰而半之；進者，半餘乘衰，亦以通法除：皆加所減。乃以定餘乘之，盈通法得一，以減加時月度，爲夜半月度。各以每日轉定分累加之，得次日。若以入轉定分，乘其日夜漏，倍百刻除，爲晨分。以減轉定分，餘爲昏分。望前以昏、望後以晨加夜半度，各得晨昏月。

交日	屈伸率	屈伸積
一日	屈二十七	積初
二日	屈十九	積二十七
三日	屈十三	積四十六
四日	屈八	積五十九
五日	屈十三	積六十七
六日	屈十九	積一度四
七日	初屈二十 末伸七	積一度二十三
八日	伸十九	積一度三十六
九日	伸十三	積一度十七
十日	伸八	積一度四

十一日	伸十三	積七十二
十二日	伸十九	積五十九
十三日	伸二十七	積四十
十四日	初伸十三末屈入後	積十三

各視每日夜半入陰陽曆交日數，以其下屈伸積，月道與黃道同名者，加之；異名者，減之。各以加減每日晨昏黃道月度，爲入宿定度及分。

五日步軌漏術

爻統千五百二十。

象積四百八十。

辰八刻百六十分。

昏、明二刻二百四十分。

定氣	陟降率	消息衰	陽城日晷	漏刻	黃道去極度	距中星度
冬至	降七十八	息空六十四	丈二尺七寸一分五十	二十七刻二百三十分	百一十七度二十分〔八〕	八十二度二十六分
小寒	降七十二	息十一九十一	丈二尺二寸二分七十七	二十七刻百三十五分	百一十四度三十五分	八十二度九十一分
大寒	降五十三	息二十二四十二	丈一尺二寸一分八十二	二十六刻三百八十分	百一十一度九十分	八十四度七十七分
立春	降三十四	息三十二十五	九尺七寸三分五十一	二十五刻四百七十五分	百八度五分	八十七度七十分
雨水	降初限七十八	息三十五七十八	八尺二寸一分六	二十四刻四百七十分	百三度二十分	九十一度三十九分
驚蟄	降一	息三十九五十	六尺七寸三分八十四	二十三刻三百六十分	九十七度三十分	九十五度八十八分
春分	陟五	息三十九六十五	五尺四寸三分十九	二十二刻二百三十分〔九〕	九十一度三十分	百度四十四分五十
清明	陟初限一	息三十八八十九	四尺三寸二分十一	二十一刻百二十分	八十五度三十分	百五度一分
穀雨	陟三十二	息三十三五十六	三尺三寸四十七	二十刻十分	七十九度三十分〔一〇〕	百九度五十分
立夏	陟五十二	息二十八三十八	二尺五寸三分三十一	十九刻五分	七十四度五十五分	百十三度十九分
小滿	陟六十三	息二十十二	尺九寸五分七十六	十八刻百分	七十度七十分	百一十六度十二分
芒種	陟六十四	息十十二	尺六寸三	十七刻三百三十五分〔一一〕	六十八度二十五分	百一十七度九十八分

夏至	降六十四	消空五十二	尺四寸七分七十九	十七刻二百五十分	六十七度四十分	百一十八度六十三分
小暑	降六十三	消十七十六	尺六寸三	十七刻三百三十五分〔一二〕	六十八度二十五分	百一十七度九十八分
大暑	降五十二	消二十七十五	尺九寸五分七十六	十八刻百分	七十度七十分	百一十六度十二分
立秋	降三十二	消二十八九十	二尺五寸三分三十一	十九刻五分	七十四度五十五分	百一十三度十九分
處暑	降初限九十九	消三十四五十五分	三尺三寸四十七	二十刻十分	七十九度三十分〔一三〕	百九度五十分
白露	降五	消三十八九十	四尺三寸二分十一	二十一刻百二十分	八十五度三十分	百五度一分
秋分	陟一	消三十九六十六	五尺四寸三分十九	二十二刻二百三十分〔一四〕	九十一度三十分	百度四十四分五十
寒露	陟初限一	消三十九五十	六尺七寸三分八十四	二十三刻三百六十分	九十七度三十分	九十五度八十八分
霜降	陟三十四	消廿四九十八〔一五〕	八尺二寸一分六	二十四刻四百七十分	百三度二十分	九十一度三十九分
立冬	陟五十三	消二十九七十二	九尺七寸三分五十一	二十五刻四百七十五分	百八度五分	八十七度七十分
小雪	陟七十二	消二十一七十	丈一尺二寸一分八十二	二十六刻三百八十分	百一十一度九十分	八十四度七十七分
大雪	陟七十八	消十一十三	丈二尺二寸二分七十七	二十七刻百三十五分	百一十四度三十五分	八十二度九十一分

各置其氣消息衰，依定氣所有日，每以陟降率陟減、降加其分，滿百從衰，各得每日消息定衰。其距二分前後各一氣之外，陟降不等，皆以三日爲限。雨水初日，降七十八。初限，日損十二。次限，日損八。次限，日損三。次限，日損二。次限，日損一。清明初日，陟一。初限，日益一。次限，日益二。次限，日益三。次限，日益八。末限，日益十九。處暑初日，降九十九。初限，日損十九。次限，日損八。次限，日損三。次限，日損二。末限，日損一。寒露初日，陟一。初限，日益一。次限，日益二。次限，日益三。次限，日益八。末限，日益十二。各置初日陟降率，依限次損益之，爲每日率。乃遞以陟減、降加氣初消息衰，各得每日定衰。

南方戴日之下，正中無晷。自戴日之北一度，乃初數千三百七十九。自此起差，每度增一，終於二十五度，計增二十六分。又每度增二，終於四十度。又每度增六，終於四十四度，增六十八。又每度增二，終於五十度。又每度增七，終於五十五度。又每度增十九，終於六十度，增百六十。又每度增三十三，終於六十五度。又每度增三十六，終於七十度。又每度增三十九，終於七十二度，增二百六十。又度增四百四十。又度增千六十。又度增千八百六十。又度增二千八百四十。又度增四千。又度增五千三百四十。各爲每度差。因累其差，以遞加初數，滿百爲分，分十爲寸，各爲每度晷差。又累其晷差，得戴日之北每度晷數。

各置其氣去極度，以極去戴日度五十六及分八十二半減之，得戴日之北度數。各以其消息定衰所直度之晷差，滿百爲分，分十爲寸，得每日晷差。乃遞以息減、消加其氣初晷數，得每日中晷常數。

以其日所在氣定小餘，爻統減之，餘爲中後分。不足減，反相減，爲中前分。以其晷差乘之，如通法而一，爲變差。以加減中晷常數，冬至後，中前以差減，中後以差加。夏至後，中前以差加，中後以差減。冬至一日，有減無加。夏至一日，有加無減。得每日中晷定數。

又置消息定衰，滿象積爲刻，不滿爲分。各遞以息減、消加其氣初夜半漏，得每日夜半漏定數。其全刻，以九千一百二十乘之，十九乘刻分從之，如三百而一，爲晨初餘數。

各倍夜半漏，爲夜刻。以減百刻，餘爲晝刻。減晝五刻以加夜，卽晝爲見刻，夜爲沒刻。半沒刻加半辰，起子初算外，得日出辰刻。以見刻加而命之，得日入。置夜刻，五而一，得每更差刻。又五除之，得每籌差刻。以昏刻加日入辰刻，得甲夜初刻。又以更籌差加之，得五夜更籌所當辰。其夜半定漏，亦名晨初夜刻。

又置消息定衰，滿百爲度，不滿爲分。各遞以息減、消加氣初去極度，各得每日去極定數。

又置消息定衰，以萬二千三百八十六乘之，如萬六千二百七十七而一，爲度差。差滿百爲度。各遞以息加、消減其氣初距中度，得每日距中度定數。倍之，以減周天，爲距子度。

置其日赤道日度，加距中度，得昏中星。倍距子度，以加昏中星，得曉中星。命昏中星爲甲夜中星，加每更差度，得五夜中星。

凡九服所在，每氣初日中晷常數不齊。使每氣去極度數相減，各爲其氣消息定數。因測其地二至日晷，測一至可矣，不必兼要冬夏。於其戴日之北每度晷數中，較取長短同者，以爲其地戴日北度數及分。每氣各以消息定數加減之，因冬至後者，每氣以減。因夏至後者，每氣以加。得每氣戴日北度數。各因所直度分之晷數，爲其地每定氣初日中晷常數。其測晷有在表南者，亦據其晷尺寸長短與戴日北每度晷數同者，因取其所直之度，去戴日北度數。反之，爲去戴日南度。然後以消息定數加減之。

二至各於其地下水漏以定當處晝夜刻數。乃相減，爲冬夏至差刻。半之，以加減二至晝夜刻數，爲定春秋分初日晝夜刻數。乃置每氣消息定數。以當處差刻數乘之，如二至去極差度四十七分，八十而一，所得依分前後加減初日晝夜漏刻，各得餘定氣初日晝夜漏刻。

置每日消息定衰，亦以差刻乘之，差度而一，所得以息減、消加其氣初漏刻，得次日。

其求距中度及昏明中星日出入，皆依陽城法求之。仍以差刻乘之，差度而一，爲今有之數。若置其地春秋定日中晷常數與陽城每日晷數，較其同者，因其日夜半漏亦爲其地定春秋分初日夜半漏。求餘定氣初日，亦以消息定數依分前後加減刻分，春分後以減，秋分後以加。滿象積爲刻。求次日，亦以消息定衰，依陽城術求之。此術究理，大體合通。然高山平川，視日不等。較其日晷，長短乃同。考其水漏，多少殊別。以玆參課，前術爲審。

校勘記

〔一〕爻數六十　各本原無。按本卷步中朔術後列術文有「爻數去之」語，則前列數據應有「爻數」一項。舊書卷三四曆志、合鈔卷四五並有「爻數六十」四字，據補。

〔二〕凡歸餘之掛五萬六千七百六十以上其歲有閏　合鈔卷四五無「十」字。按每歲閏餘爲三萬三千六十七，以加五萬六千七百六，得八萬九千七十三，適爲揲法。此衍「十」字。

〔三〕各置其小餘以六爻乘之如辰法而一爲半辰之數不盡者三約爲分　舊書卷三四曆志「不盡者」下有「五之三刻法除之爲刻又不盡者」十三字。按大衍通法三千四十，先乘以六，再乘以五，得九萬一千二百，爲刻法的三百倍。一日爲百刻，故須以三刻法除之，乃爲刻。此無求刻之計算步驟，逕云「不盡者三約爲分」，蓋有脫誤。

〔四〕命辰起子半算外　舊書卷三四曆志此下有「各其加時所在辰刻及分也」十一字。

〔五〕凡除者　錢校謂此注敍述帶分數乘法步驟，「除」字乃「乘」字之訛。

〔六〕使不過三大三小　錢校謂「『三小』乃『二小』之譌。下文云『其正月朔有交，加時正見者，消息前後一兩月以定大小，令虧在晦、二。』其意蓋謂倘依定朔法須有三月頻小者，大衍曆爲牽就習俗計，酌減爲二月頻小，使交蝕前之月應小而大，後月之朔蝕得在前月之晦日也。若得三月頻小，則決無退爲晦蝕之事矣。」

〔七〕乃列定朔望小餘副之　按上文云「各置朔弦望大小餘……爲定朔弦望大小餘」，則此處「朔」下亦當有「弦」字。舊書卷三四曆志「朔」下有「弦」字可證。

〔八〕百一十七度二十分　按冬至、夏至二日黃道去極度之和應爲一百八十二度六十分，卽今一百八十度。冬至與大雪、小寒，夏至與芒種、小暑，其黃道去極度之差均應相等。據此核算，冬至黃道去極度爲「百一十五度二十分」。此誤。

〔九〕二十二刻二百三十分　按春分、秋分二日晝夜等長。二乘二十二刻二百四十分，加昏明五刻，適得五十刻。此誤。

〔一〇〕七十九度三十分　舊書卷三四曆志作「七十九度四十」。按本卷同表記雨水、霜降二日黃道去極度各爲「百三度二十分」。穀雨、雨水（或霜降）二日黃道去極度之和應爲一百八十二度六十分，即今一百八十度，依此核算，穀雨黃道去極度應爲「七十九度四十」。此誤。

〔一一〕十七刻三百三十五分 按同表小寒漏刻爲「二十七刻百三十五分」，大雪漏刻同。芒種、小寒（或大雪）二日漏刻之和應爲四十五刻。據此核算，芒種漏刻應爲「十七刻三百四十五分」。此誤。

〔一二〕十七刻三百三十五分 按小暑、芒種二氣漏刻相同，此與芒種漏刻同誤。參見本卷校記〔一一〕。

〔一三〕七十九度三十分 按處暑、穀雨二氣黃道去極度相等，此與穀雨黃道去極度同誤。參見本卷校記〔一〇〕。

〔一四〕二十二刻二百三十分 按春分、秋分二日晝夜等長，漏刻應同。此與春分漏刻同誤。參見本卷校記〔九〕。

〔一五〕消二十四 按以霜降日數乘霜降消衰，得立冬消衰。按此核算，「二」應作「三」。

唐書卷二十八下

志第十八下

曆四下

六日步交會術

終數八億二千七百二十五萬一千三百二十二。

交終日二十七，餘六百四十五，秒千三百二十二。

中日十三，餘千八百四十二，秒五千六百六十一。

朔差日二，餘九百六十七，秒八千六百七十八。

望差日一，餘四百八十三，秒九千三百三十九。

望數日十四，餘二千三百二十六，秒五千〔二〕。

交限日十二，餘千三百五十八，秒六千三百二十二。

交率三百四十三。

交數四千三百六十九。

交秒法一萬。

以交數去朔積分；不盡，以秒法乘之，盈交數又去之〔二〕；餘如秒法而一，爲入交分。滿通法爲日，命日算外，得天正經朔加時入交汎日及餘。因加朔差，得次朔。以望數加朔，得望。若以經朔望小餘減之，各得夜半所入。累加一日，得次日。加之滿交終，去之。各以其日入氣朓朒定數，朓減、朒加交汎〔三〕，爲入交常日及餘。又以交率乘其日入轉朓朒定數，如交數而一，以朓減、朒加入交常，爲入交定日及餘。各如中日已下者，爲月入陽曆；已上者，去之，餘爲月入陰曆。

陰陽曆

交目	加減率	陰陽積	月去黃道度
少陽少陰初	加百八十七	陰陽初	空

少陽少陰二	加百七十一	陽陰百八十七	一度六十七分
少陽少陰三	加百四十七	陽陰三百五十八	二度百一十八分
少陽少陰四	加百一十五	陽陰五百五	四度二十五分
少陽少陰五	加七十五	陽陰六百二十	五度二十分
少陽少陰上	加二十七	陽陰六百九十五	五度九十五分
老陽老陰初	減二十七	陽陰七百二十二	六度二分
老陽老陰二	減七十五	陽陰六百九十五	五度九十五分
老陽老陰三	減百一十五	陽陰六百二十	五度二十分
老陽老陰四	減百四十七	陽陰五百五	四度二十五分
老陽老陰五	減百七十一	陽陰三百五十八	二度百一十八分
老陽老陰上	減百八十七	陽陰百八十七	一度六十七分

以其爻加減率與後爻加減率相減，爲前差。又以後爻率與次後爻率相減，爲後差。二差相減，爲中差。置所在爻并後爻加減率，半中差以加而半之，十五而一，爲爻末率，因爲

後交初率。每以本交初、末率相減，爲交差。十五而一，爲度差。半之，以加減初率，少象減之，老象加之。爲定初率。每以度差累加減之，少象以差減，老象以差加。各得每度加減定分。迺循積其分，滿百二十爲度，各爲月去黃道數及分。其四象初交無初率，上交無末率，皆倍本交加減率，十五而一。所得，各以初、末率減之，皆互得其率。

各置夜半入轉，以夜半入交定日及餘減之，不足減，加轉終。餘爲定交初日夜半入轉。乃以定交初日與其日夜半入餘，各乘其日轉定分，如通法而一，爲分。滿轉法，爲度。各以加其日轉積度分，乃相減，所餘爲其日夜半月行入陰陽度數。轉求次日，以轉定分加之。以一象之度九十除之，若以少象除之，則兼除差度一、度分百六、大分十三、小分十四。訖，然後以次象除之。所得以少陽、老陽、少陰、老陰爲次，起少陽算外，得所入象度數及分。先以三十乘陰陽度分，十九而一，爲度分。不盡，以十五乘、十九除，爲大分。不盡者，又乘，又除，爲小分。然後以象度及分除之。乃以一交之度十五除之，得所入交度數及分。其月行入少象初交之內及老象上交之中，皆沾黃道。當朔望，則有虧蝕。

凡入交定如望差已下，交限已上，爲入蝕限。望入蝕限，則月蝕。朔入蝕限，月在陰曆，則日蝕。如望差已下，爲交後。交限已上，以減交中，餘爲交前。置交前後定日及餘，通之，爲去交前後定分。十一乘之，二千六百四十三除，爲去交度數。不盡，以通法乘之，復除爲餘。大抵去交十三度已上，雖入蝕限，爲涉交數微，光景相接，或不見蝕。望去交分七百七十九已下者，皆既。已上者，以定交分減望差，餘以百八十三約之，命以十五爲限，得月蝕之大分。

月在陰曆，初起東南，甚於正南，復於西南。月在陽曆，初起東北，甚於正北，復於西北。其蝕十二分已上者，起於正東，復於正西。此據午正而論之。餘各隨方面所在，準此取正。

凡月蝕之大分五已下，因增三。十已下，因增四。十已上，因增五。其去交定分五百二十已下，又增半。二百六十已下，又增半。各爲汎用刻率。

定氣	增損差	差積
冬至	增十	積初
小寒	增十五	積十
大寒	增二十	積二十五
立春	增二十五	積四十五
雨水	增三十	積七十
驚蟄	增三十五	積百

春分	增四十	積百三十五
清明	增四十五	積百七十五
穀雨	增五十	積二百二十
立夏	增五十五	積二百七十
小滿	增六十	積三百二十五
芒種	增六十五	積三百八十五
夏至	損六十五	積四百五十
小暑	損六十	積三百八十五
大暑	損五十五	積三百二十五
立秋	損五十	積二百七十
處暑	損四十五	積二百二十
白露	損四十	積百七十五
秋分	損三十五	積百三十五

寒露	損三十	積百
霜降	損二十五	積七十
立冬	損二十	積四十五
小雪	損十五	積二十五
大雪	損十	積十

以所入氣并後氣增損差，倍六爻乘之，綜兩氣辰數除之，爲氣末率。又列二氣增損差，皆倍六爻乘之，各如辰數而一；少減多，餘爲氣差。加減末率，冬至後以差減，夏至後以差加。爲初率。倍氣差，綜兩氣辰數除，爲日差〔四〕。半之，加減初、末，爲定率。以差累加減氣初定率，冬至後以差加，夏至後以差減。爲每日增損差。乃循積之，隨所入氣日增損氣下差積，各其日定數。其二至之前一氣，皆後無同差，不可相并，各因前末爲初率。以氣差冬至前減、夏至前加，爲末率。

陰曆蝕差千二百七十五，蝕限三千五百二十四〔五〕，或限三千六百五十九。陽曆蝕限百三十五，或限九百七十四。以蝕朔所入氣日下差積，陰曆減之，陽曆加之，各爲朔定差及定限〔六〕。朔在陰曆，去交定分滿蝕定差已上者，爲陰曆蝕。不滿者，雖在陰曆，皆類同陽曆蝕。其去交定分滿定限已下者，的蝕。或限已下者，或蝕。

陰曆蝕者，置去交定分，以蝕定差減之，餘百四已下者，皆蝕既。已上者，以百四減之，餘以百四十三約之。其入或限者，以百五十二約之。半已下，爲半弱。半已上，爲半強。以減十五，餘爲日蝕之大分。其同陽曆蝕者，其去交定分少於蝕定差六十已下者，皆蝕既。已上者，以陽曆蝕定限加去交分，以九十約之。其陽曆蝕者，置去交定分，亦以九十約之。入或限者，以百四十三約之。皆半已下，爲半弱。半已上，爲半強。命之，以十五爲限，得日蝕之大分。

月在陰曆，初起西北，甚於正北，復於東北。月在陽曆，初起西南，甚於正南，復於東南。其蝕十二分已上，皆起於正西，復於正東。

凡日蝕之大分，皆因增二。其陰曆去交定分多於蝕定差七十已下者，又增〔七〕；三十五已下者，又增半。其同陽曆去交定分少於蝕定差二十已下者，又增半；四已下者，又增少。各爲汎用刻率。

置去交定分，以交率乘之，二十乘交數除之；其月道與黃道同名者，以加朔望定小餘；異名者，以減朔、望定小餘：爲蝕定餘。如求發斂加時術入之，得蝕甚辰刻。

各置汎用刻率，副之。以乘其日入轉損益率，如通法而一。所得，應朒者，依其損益；

應朓者，損加、益減其副，爲定用刻數。半之，以減蝕甚辰刻，爲虧初；以加蝕甚辰刻，爲復末。其月蝕，置定用刻數，以其日每更差刻除，爲更數。不盡，以每籌差刻除，爲籌數。綜之爲定用更籌。乃累計日入後至蝕甚辰刻，置之，以昏刻加日入辰刻減之，餘以更籌差刻除之。所得命以初更籌算外，得蝕甚更籌。半定用更籌減之，爲虧初；加之爲復末。按天竺俱摩羅所傳斷日蝕法，日躔鬱車宮者，的蝕。其餘據日所在宮，火星在前三及後五之宮，幷伏在日下，則不蝕。若五星皆見，又水在陰曆及三星已上同聚一宿，則亦不蝕。凡星與日別宮或別宿則易斷，若同宿則難。天竺所云十二宮，卽中國之十二次。鬱車宮者，降婁之次也。

九服之地，蝕差不同。先測其地二至及定春秋中晷長短〔八〕，與陽城每日中晷常數較取同者，各因其日蝕差爲其地二至及定春秋分蝕差。

以夏至差減春分差，以春分差減冬至，各爲率。幷二率，半之，六而一，爲夏率。二率相減，六而一，爲總差。置總差，六而一，爲氣差。半氣差，以加夏率，又以總差減之，爲冬率。冬率卽冬至率。每以氣差加之，各爲每氣定率。乃循積其率，以減冬至蝕差，各得每氣初日蝕差。求每日，如陽城法求之。若戴日之南，當計所在地，皆反用之。

七日步五星術

歲星

終率百二十一萬二千五百七十九，秒六。

終日三百九十八，餘二千六百五十九，秒六。

變差三十四，秒十四。

象算九十一，餘二百三十八，秒五十七，微分十二。

爻算十五，餘百六十六，秒四十二，微分八十二。

熒惑

終率二百三十七萬一千三，秒八十六。

終日七百七十九，餘二千八百四十三，秒八十六。

變差三十二，秒二。

象算九十一，餘二百三十八，秒四十三，微分八十四。

爻算十五，餘百六十六，秒四十，微分六十二。

鎮星

終率百一十四萬九千三百九十九，秒九十八。

終日三百七十八，餘二百七十九，秒九十八。

變差二十二，秒九十二。
象算九十一，餘二百三十七，秒八十七。
交算十五，餘百六十六，秒三十一，微分十六。

太白

終率百七十七萬五千三十，秒十二。
終日五百八十三，餘二千七百一十一，秒十二。
中合日二百九十一，餘二千八百七十五，秒六。
變差三十，秒五十三。
象算九十一，餘二百三十八，秒三十四，微分五十四。
交算十五，餘百六十六，秒三十九，微分九。

辰星

終率三十五萬二千二百七十九，秒七十二。
終日百一十五，餘二千六百七十九，秒七十二。
中合日五十七，餘二千八百五十九，秒八十六。
變差百三十六，秒七十八。

象算九十一，餘二百四十四，秒九十八，微分六十。
爻算十五，餘百六十七，秒四十九，微分七十四。
辰法七百六十。
秒法一百。
微分法九十六。

置中積分，以冬至小餘減之，各以其星終率去之，不盡者返以減終率；餘滿通法爲日，得冬至夜半後平合日算。

各以其星變差乘積算，滿乾實去之；餘滿通法，爲日。以減平合日算，得入曆算數。皆四約其餘，同於辰法。乃以一象之算除之，以少陽、老陽、少陰、老陰爲次，起少陽算外。餘以一爻之算除之；所得命起其象初爻算外，得所入爻算數。

五星爻象曆

歲星	少陽少陰初	益七百七十三	進退積空
	少陽少陰二	益七百二十一	進退七百七十三
	少陽少陰三	益六百三十	進退千四百九十四
	少陽少陰四	益五百	進退二千一百二十四
	少陽少陰五	益三百三十一	進退二千六百二十四
	少陽少陰上	益百二十三	進退二千九百五十五
	老陽老陰初	損百二十三	進退三千七十八
	老陽老陰二	損三百三十一	進退二千九百五十五
	老陽老陰三	損五百	進退二千六百二十四
	老陽老陰四	損六百三十	進退二千一百二十四
	老陽老陰五	損七百二十一	進退千四百九十四
	老陽老陰上	損七百七十三	進退七百七十三
熒惑	少陽少陰初	益千二百三十七	進退積空

	少陽少陰二	益千一百四十三	進退千二百三十七
	少陽少陰三	益九百九十一	進退二千三百八十
	少陽少陰四	益七百八十一	進退三千三百七十一
	少陽少陰五	益五百一十三	進退四千一百五十二
	少陽少陰上	益百八十七	進退四千六百六十五
	老陽老陰初	損百八十七	進退四千八百五十二
	老陽老陰二	損五百一十三	進退四千六百六十五
	老陽老陰三	損七百八十一	進退四千一百五十二
	老陽老陰四	損九百九十一	進退三千三百七十一
	老陽老陰五	損千一百四十三	進退二千三百八十
	老陽老陰上	損千二百三十七	進退千二百三十七
鎮星	少陽少陰初	益千六百八十四	進退積空
	少陽少陰二	益千五百四十四	進退千六百八十四

	少陽少陰三	益千三百三十	進退三千二百二十八
	少陽少陰四	益千四十二	進退四千五百五十八
	少陽少陰五	益六百八十	進退五千六百
	少陽少陰上	益二百四十四	進退六千二百八十
	老陽老陰初	損二百四十四	進退六千五百二十四
	老陽老陰二	損六百八十	進退六千二百八十
	老陽老陰三	損千四十二	進退五千六百
	老陽老陰四	損千三百三十	進退四千五百五十八
	老陽老陰五	損千五百四十四	進退三千二百二十八
	老陽老陰上	損千六百八十四	進退千六百八十四
太白	少陽少陰初	益二百五十五	進退積空
	少陽少陰二	益二百三十一	進退二百五十五
	少陽少陰三	益百九十八	進退四百八十六

	少陽少陰四	益百五十六	進退六百八十四
	少陽少陰五	益百五	進退八百四十
	少陽少陰上	益四十五	進退九百四十五
	老陽老陰初	損四十五	進退九百九十
	老陽老陰二	損百五	進退九百四十五
	老陽老陰三	損百五十六	進退八百四十
	老陽老陰四	損百九十八	進退六百八十四
	老陽老陰五	損二百三十一	進退四百八十六
	老陽老陰上	損二百五十五	進退二百五十五
辰星	少陽少陰初	益六百四十三	進退積空
	少陽少陰二	益五百八十五	進退六百四十三
	少陽少陰三	益五百一	進退千二百二十八
	少陽少陰四	益三百九十一	進退千七百二十九

少陽少陰五	益二百五十五	進退二千一百二十
少陽少陰上	益九十三	進退二千三百七十五
老陽老陰初	損九十三	進退二千四百六十八
老陽老陰二	損二百五十五	進退二千三百七十五
老陽老陰三	損三百九十一	進退二千一百二十
老陽老陰四	損五百一	進退千七百二十九
老陽老陰五	損五百八十五	進退千二百二十八
老陽老陰上	損六百四十三	進退六百四十三

以所入爻與後爻損益率相減，爲前差。又以後爻與次後爻損益率相減，爲後差。二差相減，爲中差。置所入爻并後爻損益率，半中差以加之，九之，二百七十四而一，爲爻末率，因爲後爻初率。皆因前爻末率，以爲後爻初率。初、末之率相減，爲爻差。倍爻差，九之，二百七十四而一，爲算差。半之，加減初、末，各爲定率。以算差累加減爻初定率，少象以差減，老象以差加。爲每算損益率。循累其率，隨所入爻損益其下進退積，各得其算定數。其四象初爻無初率，上爻

無末率，皆置本爻損益率四而九之，二百七十四得一，各以初、末率減之，皆互得其率。

各置其星平合所入爻之算差，半之，以減其入算損益率。損者，以所入餘乘差，辰法除，并差而半之；益者，半入餘，乘差，亦辰法除：皆加所減之率。乃以入餘乘之，辰法而一；所得以損益其算下進退，各爲平合所入定數。

置進退定數，金星則倍置之。各以合下乘數乘之，除數除之；所得滿辰法爲日，以進加、退減平合日算，先以四約平合餘，然後加減。爲常合日算。

置常合日先後定數，四而一，以先減、後加常合日算，得定合日算。又四約盈縮分，以定合餘乘之，滿辰法而一；所得以盈加、縮減其定餘，加其日夜半日度，爲定合加時星度。

又置定合日算，以冬至大小餘加之，天正經朔大小餘減之。其至朔小餘，皆先以四約之。若大餘不足減，又以爻數加之，乃減之。餘滿四象之策除，爲月數。不盡者，爲入朔日算。命月起天正、日起經朔算外，得定合月、日。視定朔與經朔有進退者，亦進減、退加一日爲定。

置常合及定合應加減定數，同名相從，異名相消；乃以加減其平合入爻算，滿若不足，進退爻算，得定合所入。乃以合後諸變曆度累加之，去命如前，得次變初日所入。如平合求進退定數，乃以乘數乘之，除數除之，各爲進退變率。

五星變行日中率、度中率、差行損益率、曆度乘數、除數。

歲星

合後伏：十七日三百三十二分，行三度三百三十二分。先遲，二日益疾九分。曆，一度三百五十七分。乘數三百五十，除數二百八十一。

前順：百一十二日，行十八度六百五十六分。先疾，五日益遲六分。曆，九度三百三十七分。乘數三百五十，除數二百八十一。

前留：二十七日。曆，二度二百二十分。乘數二百六十七，除數二百二十一。

前退：四十三日，退五度三百六十九分。先遲，六日益疾十一分。曆，三度四百七十五分。乘數四百七十，除數四百三。

後退：四十三日，退五度三百六十九分。先遲，六日益遲十一分。曆，三度四百七十五分。乘數五百一十，除數四百六十七。

後留：二十七日。曆，三度二百一十分。乘數二百七十，除數二百二十二。

後順：百一十二日，行十八度六十五分。先遲，五日益疾六分。曆，九度三百三十七分。乘數二百六十七，除數二百二十七。

合前伏：十七日三百三十二分，行三度三百三十二分〔九〕。先疾，二日益遲九分。曆，一度三百五十八分。乘數三百五十，除數二百八十一。

熒惑

合後伏：七十一日七百三十五分，行五十四度七百三十五分。先疾，五日益遲七分。曆，三十八度二百一分。乘數百二十七，除數三十。

前疾：二百一十四日，行百三十六度。先疾，九日益遲四分。曆，百一十三度五百九十六分。乘數百二十七，除數三十。

前遲：六十日，行二十五度。先疾，日益遲四分。曆，三十一度六百八十五分。乘數二百三，除數五十四。

前留：十三日。曆，六度六百九十三分。乘數二百三，除數五十四。

前退：三十一日，退八度四百七十三分。先遲，六日益疾五分。曆，十六度三百六十七分。乘數二百三，除數四十八。

後退：三十一日，退八度四百七十三分。先疾，六日益遲五分。曆，十六度三百六十七分。乘數二百三，除數四十八。

後留：十三日。曆，六度六百九十三度〔10〕。乘數二百三，除數四十八。

後遲：六十日，行二十五度。先遲，日益疾四分。曆，三十一度六百八十五分。乘數二百三，除數五十四。

後疾：二百一十四日，行百三十六度。先遲，九日益疾四分。曆，百一十三度五百九十六分。乘數二百三，除數五十四。

合前伏：七十一日七百三十六分，行五十四度七百三十六分。先遲，五日益疾七分。曆，三十八度二百一分。乘數百二十七，除數三十。

鎭星

合後伏：十八日四百一十五分，行一度四百一十五分。先遲，二日益疾九分。曆，四百八十分。乘數十二，除數十一。

前順：八十三日，行七度二百四十一分。先疾，六日益遲五分。曆，二度六百二十三分。乘數十二，除數十一。

前留：三十七日三百八十分。曆，一度二百八分。乘數十，除數九。

前退：五十日，退二度三百三十四分。先遲，七日益疾一分。曆，一度五百三十一分。乘數二十，除數十七。

後退：五十日，退二度三百三十四分。先疾，七日益遲一分。曆，一度五百三十一分。乘數五，除數四。

後留：三十七日三百八十分。曆，一度二百八分。乘數二十，除數一十七。

後順：八十三日，行七度二百四十一分。先遲，六日益疾五分。曆，二度六百二十三分。乘數十，除數九。

合前伏：十八日四百一十五分，行一度四百一十五分。先疾，二日益遲九分。曆，四百八十分。乘數十二，除數十一。

太白

晨合後伏：四十一日七百一十九分，行五十二度七百一十九分。先遲，三日益疾十六分。曆，四十一度七百一十九分。乘數七百九十七，除數二百九。

夕疾行：百七十一日，行二百六度。先疾，五日益遲九分。曆，百七十一度。乘數七百九十一，除數二百九。

夕平行：十二日，行十二度。曆，十二度。乘數五百一十五，除數百五十六。

夕遲行：四十二日，行三十一度。先疾，日益遲十分。曆，四十二度。乘數五百一十五，除數百三十七。

夕留：八日。曆，八度。乘數五百一十五，除數九十二。

夕退：十日，退五度。先遲，日益疾九分。曆，十度。乘數五百一十五，除數八十六。

夕合前伏：六日，退五度。先疾，日益遲十五分〔三〕。曆，六度。乘數五百一十五，除數八十四。

夕合後伏：六日，退五度。先遲，日益疾十五分〔三〕。曆，六度。乘數五百一十五，除數八十三。

晨退：十日，退五度。先疾，日益遲九分。曆，十度。乘數五百一十五，除數八十四。

晨留：八日，曆八度。乘數五百一十五，除數八十六。

晨遲行：四十二日，行三十一度。先遲，日益疾十分。曆，四十二度。乘數五百一十五，除數九十二。

晨平行：十二日，行十二度。曆，十二度。乘數五百一十五，除數百三十七。

晨疾行：百七十一日，行二百六度。先遲，五日益疾九分。曆，百七十一度。乘數五百一十五，除數百五十六。

晨合前伏：四十一日七百一十九分，行五十二度七百一十九分。先疾，三日益遲十六分。曆，四十一度七百一十九分。乘數七百九十七，除數二百九。

辰星

晨合後伏：十六日七百一十五分，行三十三度七百一十五分。先遲，日益疾二十二分。曆，十六度七百一十五分。乘數二百八十六，除數二百八十七。

夕疾行：十二日，行十七度。先疾，日益遲五十分。曆，十二度。乘數二百八十六，除數二百八十七。

夕平行：九日，行九度。曆，九度。乘數四百九十五，除數百九十四。
夕遲行：六日，行四度。先疾，日益遲七十六分。曆，六度。乘數四百九十六，除數百九十五。
夕留：三日。曆，三度。乘數四百九十七，除數百九十六。
夕合前伏：十一日，退六度。先遲，日益疾三十一分。曆，十一度。乘數四百九十八，除數百九十七。
夕合後伏：十一日，退六度。先疾，日益遲三十一分。曆，十一度。乘數五百，除數百九十八。
晨留：三日。曆，三度。乘數四百九十八，除數百九十八。
晨遲行：六日，行四度。先遲，日益疾七十六分。曆，六度。乘數四百九十七，除數百九十六。
晨平行：九日，行九度。曆，九度。乘數四百九十六，除數百九十五。
晨疾行：十二日，行十七度。先遲，日益疾五十分。曆，十二度。乘數四百九十三，除數百九十四。
晨合前伏：十六日七百一十五分，行三十三度七百一十五分。先疾，日益遲二十二分。曆，十六度七百一十五分。乘數二百八十六，除數二百八十七。

各置其本進退變率與後變率。同名者，相消爲差。在進前少，在退前多，各以差爲加；在進前多，在退前少，各以差爲減。異名者，相從爲并。前退後進，各以并爲加；前進後退，各以并爲減。逆行度率，則反之。皆以差及并，加減日度中率，各爲日度變率。其水星疾行，直以差、并加、減度中率，爲變率。其日直因中率爲變率，勿加減也。

以定合日與前疾初日、後疾初日與合前伏初日先後定數，各以同名者相消爲差，異名者相從爲并。皆四而一。所得滿辰法，各爲日度。乃以前日度盈加、縮減其合後伏度之變率及合前伏、前疾日之變率，亦以後日度盈減、縮加其後疾日之變率及合前伏、前疾度之變率。金水夕合，反其加減。留退亦然。其二留日之變率，若差於中率者，卽以所差之數爲度，各加、減本遲度之變率。謂以所多於中率之數加之，少於中率之數減之。已下加減準此。退行度之變率，若差於中率者，卽倍所差之數，各加、減本疾度之變率。其木、土二星，既無遲、疾，卽加、減前、後順行度之變率。其水星疾行度之變率，若差於中率者，卽以所差之數爲日，各加、減留日變率。其留日變率若少不足減者，卽侵減遲日變率。若多於中率者，亦以所多之數爲日，以加留日變率。各加、減變率訖，皆爲日度定率。其日定率有分者，前後輩之。輩，配也。以少分配多分，滿全爲日。有餘轉配其諸變率。不加減者，皆依變率爲定率。

置其星定合餘，以減辰法；餘以其星初日行分乘之，辰法而一，以加定合加時度，得定合後夜半星度及餘。自此各依其星計日行度，所至皆從夜半爲始。各以一日所行度分順加、退減之。其行有小分者，各滿其法從行分。伏不注度，留者因前，退則依減。順行出虛，去六虛之差。退行入虛，先加此差。六虛之差，亦四而一，乃用加減。訖，皆以轉法約行分，爲度分，得每日所至。日度定率，或加或減，益疾益遲，每日漸差，不可預定。今且略據日度中率，商量置之。其定率既有盈縮，即差數合隨而增損，當先檢括諸變定率與中率相較近者因用其差，求其初、末之日行分爲主。自餘諸變，因此消息，加、減其差，各求初、末行分。循環比較，使際會參合，衰殺相循。其金、水皆以平行爲主，前後諸變，準此求之。其合前伏，雖有日度定率，因加至合而與後算不叶者，皆從後算爲定。其初見伏之度，去日不等，各以日度與星辰相較。木去日十四度，金十一度，火、土、水各十七度皆見。各減一度，皆伏。其木、火、土三星，前順之初，後順之末，及金、水疾行、留、退初、末，皆是見、伏之初日，注曆消息定之。金、水及日、月度，皆不注分。

置日定率減一，以所差分乘之，爲實。以所差日乘定日率，爲法。實如法而一，爲行分，得每日差。以辰法通度定率，從其分，如日定率而一，爲平行度分。減日定率一，以所差分乘之，二而一，爲差率。以加、減平行分，益疾者，以差率減平行爲初日，加平行爲末日。益遲者，以差率加平行爲初日，減平行爲末日。得初、末日所行度及分。其差不全而與日相合者，先置日定率減一，以所差分乘之，爲實。倍所差日，爲法。實如法而一，爲行分。不盡者，因爲小分。然後爲差率。置初日行分，益遲者，以每日差累減之；益疾者，以每日差累加之：得次日所行度分。其每日差及初日行，皆有小分。母既不同，當令同之，乃用加、減。

其先定日數而求度者，減所求日一，以每日差乘之，二而一。所得以加、減初日行分，益遲減之，益疾加之。以所求日乘之，如辰法而一，爲度。不盡者，爲行分，得從初日至所求日積度及分。

若先定度數而返求日者，以辰法乘所求行度。有分者，從之。八之，如每日差而一，爲積。倍初日行分，以每日差加、減之，益遲者加之，益疾者減之。如每日差而一，爲率。令自乘，以積加、減之。益遲者以積減之，益疾者以積加之。開方除之，所得以率加、減之。益遲者以率加之，益疾者以率減之。乃半之，得所求日數。開方除者，置所開之數爲實。借一算於實之下，名曰下法。步之，超一位。置商於上方，副商於下法之上，名曰方法。命上商以除實。畢，倍方法一折，下法再折。乃置後商於下法之上，名曰隅法。副隅并方。命後商以除實。畢，隅從方法折下，就除如前開之。

五星前變，入陽交，爲黃道北；入陰交，爲黃道南。後變，入陽交，爲黃道南；入陰交，爲黃道北。其金水二星，以夕爲前變，晨爲後變。各計其變行，起初日入交之算，盡老象上交未算之數。不滿變行度常率者，因置其數以變行日定率乘之，如變行度常率而一，爲日。其入變日數與此日數已下者，星在道南北依本所入陰陽交爲定。過此日數之外者，南北返之。

九執曆者，出于西域。開元六年，詔太史監瞿曇悉達譯之。斷取近距，以開元二年二月朔爲曆首。度法六十。月有二十九日，餘七百三分日之三百七十三。曆首有朔虛分百二十六。周天三百六十度，無餘分。日去沒分九百分度之十三。二月爲時，六時爲歲。三十度爲相，十二相而周天。望前曰白博义；望後曰黑博义。其算皆以字書，不用籌策。其術繁碎，或幸而中，不可以爲法。名數詭異，初莫之辨也。陳玄景等持以惑當時，謂一行寫其術未盡，妄矣。

校勘記

〔一〕秒五千　「五千」，各本原作「五十」。舊書卷三四曆志作「五千」。按望數即四象之策的半數。經核算，舊書是，據改。

〔二〕以交數去朔積分不盡以秒法乘之盈交數又去之　按舊書卷三四曆志前「交數」作「終」，後「交數」作「交終」，「交終」卽本卷之「終數」。此段所述乃由朔積分求入交分之計算步驟。據術，此處二「交數」殆爲「終數」之訛。

〔三〕朓減朒加交汎　「交汎」，舊書卷三四曆志作「入交汎」，據術，舊書是。

〔四〕倍氣差綜兩氣辰數除爲日差　舊書卷三四曆志「倍氣差」下有「倍六爻乘之」五字。按倍氣差，兩氣日數之和除之，得日差。兩氣日數之和除之，亦卽「倍六爻乘之，綜兩氣辰數除」。當以舊書爲正。

〔五〕蝕限三千五百二十四　舊書卷三四曆志陰曆蝕限爲「二千五百二十四」。本卷下文陰曆或限作「三千六百五十九」，舊書同。按陰曆蝕限應遠較或限爲小，此「三」字疑誤。

〔六〕各爲朔定差及定限　「朔定差」，舊書卷三四曆志作「蝕定差」，據術，舊書是。

〔七〕其陰曆去交定分多於蝕定差七十已下者又增　舊書卷三四曆志「七十已下者」作「七十以上者」。據術，舊書是。又據上下文，「增」字下疑有脫文。

〔八〕先測其地二至及定春秋中晷長短　按下文云「爲其地二至及定春秋分蝕差」，疑此處「春秋」下脫「分」字。

〔九〕合前伏十七日三百三十二分行三度三百三十二分　按五星變行日中率相併，應得終日算及餘分。歲星終日餘分爲二千六百五十九分六秒。辰法乘之，通法除之，得六百六十五分。本卷上文及舊書卷三四曆志所載歲星合後伏餘分均爲「十七日三百三十二分」，則合前伏餘分當爲「三百三十三分」。

〔一〇〕曆六度六百九十三度　按上文既云「六度」，則「度」下「六百九十三」應是分數。

〔一一〕先疾日益遲　按太白在夕合前伏期間之退行速度逐日增快。舊書卷三四曆志作「先遲日益疾」是。

〔三〕先遲日益疾　按太白在夕合後伏期間之退行速度逐日減慢。舊書卷三四曆志作「先疾日益遲」是。

唐書卷二十九

志第十九

曆五

寶應元年六月望戊夜，月蝕三之一。官曆加時在日出後，有交，不署蝕。代宗以至德曆不與天合，詔司天臺官屬郭獻之等，復用麟德元紀，更立歲差，增損遲疾、交會及五星差數，以寫大衍舊術。上元七曜，起赤道虛四度。帝爲製序，題曰五紀曆。

其與大衍小異者九事，曰：仲夏之朔，若月行極疾，合于亥正，朔不進，則朔之晨，月見東方矣。依大衍戌初進初朔，則朔之夕，月見西方矣。當視定朔小餘不滿五紀通法，如晨初餘數減十刻已下者，進以明日爲朔。一也。以三萬二千一百六十乘夜半定漏刻，六十七乘刻分從之，二千四百而一，爲晨初餘數。二也。陽曆去交分，交前加一辰，交後減一辰，餘百八十三已下者，日亦蝕。三也。月蝕有差，以望日所入定數，視月道同名者，交前爲加，交後爲減；異名者，交前爲減，交後爲加，各以加減去交分。又交前減一辰，交後加一辰，餘如三百三十八已下者，既。已上，以減望差，八十約之，得蝕分。四也。日蝕有差，以朔日所入定數，十五而一，以減百四，餘爲定法。以蝕差減去交分。又交前減兩辰，餘爲陰曆蝕。其不足減者，反減蝕差。在交後減兩辰，交前加三辰，餘爲類同陽曆蝕。又自小滿畢小暑，加時距午正八刻外者，皆減一辰；三刻內者，皆加一辰。自大寒畢立春，交前五辰外，自大暑畢立冬交後五辰外，又減一辰。不足減者，既。加減訖，各如定法而一，以減十五，餘爲蝕分。其陽曆蝕者，置去交分，以蝕差加之，交前加一辰，交後減一辰。所得，以減望差，餘如百四約之，得爲蝕分。五也。所蝕分，日以十八乘之，月以二十乘之，皆十五而一，爲汎用刻，不復因加。六也。日蝕定用刻在辰正前者，以十分之四爲虧初刻，六爲復末刻；未正後者，六爲虧初刻，四爲復末刻。不復相半。七也。五星乘數、除數，諸變皆通用之，不復變行異數。入進退曆，皆用度中率。八也。以定合初日與前疾初日、後疾初日與合前伏初日先後定數，各同名者，相消爲差；異名者，相從爲并。皆四而一。所得滿辰法，各爲日。乃以前日盈減、縮加其合後伏日變率，亦以後日盈加、縮減合前伏日變率。太白、辰星夕變，則返加減留退。二退度變率，若差於中率者，倍所差之數，日伏差，以加減前疾日度變率。熒惑均加減前疾兩變日度變率。歲星、熒惑、鎮星前留日變率，若差於中率者，以所差之數爲度，加減前遲日變率。皆多於中率之數者，加之；少於中率者，減之。後留日變率，若差於中率者，以所差之數爲日，以加減後遲日變率及加減二退度變率。又以伏差加減後疾日度變率。多於中率之數者，減之；少於中率者，加之。其熒惑均加減疾遲兩變日度變率。歲星、鎮星無遲，即加減前後順行日度變率。太白晨夕退行度變率，若差於中率者，亦倍所差之數爲度，加減本疾度變率〔一〕。夕合前後伏，雖亦退行，不取加減。二留日變率，若差於中率者，以所差之數爲度，加減本遲度變率。皆多於中率之數加之，少於中率減之。其辰星二留日變率，若差於中率者，以所差之數爲度，各加減本遲度變率。疾行度變率，若差於中率者，以所差之數爲日，各加減留日變率。亦多於中率之數者，加之；少於中率者，減之。其留日變率，若少不足減者，侵減遲日變率。加減訖，皆爲日度定率。九也。

大衍以四象考五星進退，或時弗叶。獻之加減頗異，而偶與天合。於是頒用，訖建中四年。

寶應五紀曆演紀上元甲子，距寶應元年壬寅，積二十六萬九千九百七十八算。

五紀通法千三百四十。

策實四十八萬九千四百二十八。

揲法三萬九千五百七十一。

策餘七千二十八。

用差七千五百四十八。

掛限三萬八千三百五十七。

三元之策十五，餘二百九十二，秒五；秒母六。以象統爲母者，又四因之。

四象之策二十九，餘七百一十一。

一象之策七，餘五百一十二太。

天中之策五，餘九十七，秒十一；秒母十八。

地中之策六，餘百一十七，秒四；秒母三十。

貞悔之策三，餘五十八，秒十七。

辰法三百三十五。

刻法百三十四。

乾實四十八萬九千四百四十二，秒七十。

周天度三百六十五，虛分三百四十二，秒七十。

歲差十四，秒七十。

秒法百。

定氣	盈縮分	先後數	損益率	朓朒積
冬至	盈千三十七	先端	益七十八	朒初
小寒	盈八百一十三	先千三十七	益六十一	朒七十八
大寒	盈六百一十三	先千八百五十	益四十六	朒百三十九
立春	盈四百三十	先二千四百六十三	益三十二	朒百八十五
雨水	盈二百五十九	先二千八百九十三	益十九	朒二百一十七
驚蟄	盈九十四	先三千一百五十二	益七	朒二百三十六
春分	縮九十四	先三千二百四十六	損七	朒二百四十三
清明	縮二百五十九	先三千一百五十二	損十九	朒二百三十六
穀雨	縮四百三十	先二千八百九十三	損三十二	朒二百一十七
立夏	縮六百一十三	先二千四百六十三	損四十六	朒百八十五
小滿	縮八百一十三	先千八百五十	損六十一	朒百三十九
芒種	縮千三十七	先千三十七	損七十八	朒七十八

夏至	縮千三十七	後端	益七十八	朓初
小暑	縮八百一十三	後千三十七	益六十一	朓七十八
大暑	縮六百一十三	後千八百五十	益四十六	朓百三十九
立秋	縮四百三十	後二千四百六十三	益三十二	朓百八十五
處暑	縮二百五十九	後二千八百九十三	益十九	朓二百一十七
白露	縮九十四	後三千一百五十二	益七	朓二百三十六
秋分	盈九十四	後三千二百四十六	損七	朓二百四十三
寒露	盈二百五十九	後三千一百五十二	損十九	朓二百三十六
霜降	盈四百三十	後二千八百九十三	損三十二	朓二百一十七
立冬	盈六百一十三	後二千四百六十三	損四十六	朓百八十五
小雪	盈八百一十三	後千八百五十	損六十一	朓百三十九
大雪	盈千三十七	後千三十七	損七十八	朓七十八

定氣所有日及餘，以辰計之，曰辰數，與大衍同。

六虛之差七，秒七十。

轉終分百三十六萬六千一百五十六。

轉終日二十七，餘七百四十三，秒五。

秒法三十七。

轉法六十七。約轉分爲度，曰逡程。積逡程，曰轉積度。

終日	轉分 列衰	損益率	朓朒積
一日	九百八十六 退十二	益百三十五	朓初
二日	九百七十四 退十二	益百一十七	朓百三十五
三日	九百六十二 退十四	益九十九	朓二百五十二
四日	九百四十八 退十五	益七十八	朓三百五十一
五日	九百三十三 退十五	益五十六	朓四百二十九
六日	九百一十八 退十六	益三十三	朓四百八十五

七日	九百二退十六	初益八末損一	朓五百一十八
八日	八百八十六退十六	損十四	朓五百二十五
九日	八百七十退十五	損三十八	朓五百一十一
十日	八百五十五退十四	損六十二	朓四百七十三
十一日	八百四十一退十三	損八十五	朓四百一十一
十二日	八百二十八退十一	損百三	朓三百二十六
十三日	八百一十七退七	損百一十八	朓二百二十三
十四日	八百一十退三進一	初損百五末益三十	朓百五
十五日	八百八進十一	益百二十八	朒三十
十六日	八百一十九進十三	益百一十五	朒百五十八
十七日	八百三十二進十四	益九十五	朒二百七十三
十八日	八百四十六進十五	益七十四	朒三百六十八
十九日	八百六十一進十六	益五十二	朒四百四十二

二十日	八百七十七進十六	益二十八	朒四百九十四
二十一日	八百九十三進十六	初益六 末損三	朒五百二十二
二十二日	九百九進十五	損二十	朒五百二十五
二十三日	九百二十四進十五	損四十二	朒五百五
二十四日	九百三十九進十五	損六十五	朒四百六十三
二十五日	九百五十四進十四	損八十九	朒三百九十八
二十六日	九百六十八進十一	損百九	朒三百九
二十七日	九百七十九進六	損百二十五	朒二百
二十八日	九百八十五進五 退四	初損七十五 末益入後	朒七十五

七日初，千一百九十一。末，百四十九。　十四日初，千四十二。末，二百九十八。

二十一日初，八百九十二。末，四百四十八。　二十八日初，七百四十三。末，五百九十七。

入交陰、陽	屈伸率	屈伸積
一日	屈二十四	積初

二日	屈十七	積二十四
三日	屈十一	積四十一
四日	屈八	積五十二
五日	屈十一	積六十
六日	屈十七	積一度四
七日	初屈十八 末伸六	積一度二十一
八日	伸十七	積一度三十三
九日	伸十一	積一度十六
十日	伸八	積一度五
十一日	伸十一	積六十四
十二日	伸十七	積五十三
十三日	伸二十四	積三十六
十四日	初伸十二 末屈入後	積十二

半紀六百七十。
象積四百八十。
辰刻八刻，分百六十。
昏明刻各二刻，分二百四十。
交終三億六千四百六十四萬三千七百六十七。
交終日二十七，餘二百八十四，秒三千七百六十七。
交中日十三，餘八百一十二，秒千八百八十三半。
朔差日二，餘四百二十六，秒六千二百三十三。
望差日一，餘二百一十三，秒三千一百一十六半。
望數日十四，餘千二十五，秒五千。
交限日十二，餘五百九十八，秒八千七百六十七。
交率六十一。
交數七百七十七。凡春分後陰曆交後，秋分後陽曆交後，爲月道同名。餘皆爲異名。
辰分百一十三。

秒法一萬。

去交度乘數十一，除數千一百六十五。

太陰損益差：冬至、夏至，益十九，積七十六。小寒、小暑，益十七〔三〕，積九十五。大寒、大暑，益十四，積百一十一。立春、立秋，益十二，積百二十五。雨水、處暑，益十，積百三十七。驚蟄、白露，益七，積百四十七。春分、秋分，損七，積百五十四。清明、寒露，損十，積百四十七。穀雨、霜降，損十二，積百三十七。立夏、立冬，損十四，積百二十五。小滿、小雪，損十七〔三〕，積百一十一。芒種、大雪，損十九，積九十五。依定氣求朓朒術入之，各得其望日所入定數。

太陽每日蝕差：月在陰曆，自秋分後，春分前，皆以四百五十七爲蝕差；入春分後，日損五分；入夏至初日，損不盡者七；乃自後日益五分。月在陽曆，自春分後，秋分前，亦以四百五十七爲蝕差；入秋分後，日損五分；入冬至初日，損不盡者七；乃自後日益五分各得朔日所入定數。

歲星

終率五十三萬四千四百八十二，秒三十六。

終日三百九十八，餘千一百六十二，秒三十六。
變差十四，秒八十八。
象算九十一，餘百五，秒十八。
爻算十五，餘七十三，秒四十六，微分三十二。
乘數五。
除數四。

熒惑

終率百四萬五千八十八，秒八十三。
終日七百七十九，餘千二百二十八，秒八十三。
變差三十二，秒五十七。
象算九十一，餘百六，秒二十八，微分五十四。
爻算十五，餘七十三，秒五十四，微分七十三。
乘數百二十七。
除數三十。

鎮星

終率五十萬六千六百二十三，秒二十九。
終日三百七十八，餘百三，秒二十九。
變差九，秒八十七。
象算九十一，餘百四，秒八十六，微分六十六。
爻算十五，餘七十三，秒三十一，微分十一。
乘數十二。
除數十一。

太白

終率七十八萬二千四百四十九，秒九。
終日五百八十三，餘千二百二十九，秒九。
中合二百九十二，餘千二百八十四，秒五十九，微分七十二。
變差四十九，秒七十二。
象算九十一，餘百七，秒三十五，微分七十二。
爻算十五，餘七十三，秒七十二，微分六十。
乘數十五。

除數二。

辰星

終率十五萬五千二百七十八，秒六十六。

終日百一十五，餘千一百七十八，秒六十六。

中合五十七，餘千二百五十九，秒三十三。

變差五十，秒八十五。

象算九十一，餘百七，秒四十二，微分七十八。

爻算十五，餘七十三，秒七十三，微分七十七。

秒法百。

微分法九十六。

星名	爻目	損益率	進退積	爻目	損益率	進退積
歲星	少陽少陰初	益三百四十一	進退空	老陽老陰初	損五十四	進退千三百五十七
	少陽少陰二	益三百一十八	進退三百四十一	老陽老陰二	損百四十六	進退千三百三

	少陽少陰三	益二百七十七	進退六百五十九	老陽老陰三	損二百二十一	進退千一百五十七
	少陽少陰四	益二百二十一	進退九百三十六	老陽老陰四	損二百七十七	進退九百三十六
	少陽少陰五	益百四十六	進退千一百五十七	老陽老陰五	損三百一十八	進退六百五十九
	少陽少陰上	益五十四	進退千三百三	老陽老陰上	損三百四十一	進退三百四十一
熒惑	少陽少陰初	益五百四十五	進退空	老陽老陰初	損八十二	進退二千一百三十九
	少陽少陰二	益五百四	進退五百四十五	老陽老陰二	損二百二十七	進退二千五十七
	少陽少陰三	益四百三十七	進退千四十九	老陽老陰三	損三百四十四	進退千八百三十
	少陽少陰四	益三百四十四	進退千四百八十六	老陽老陰四	損四百三十七	進退千四百八十六
	少陽少陰五	益二百二十七	進退千八百三十	老陽老陰五	損五百四	進退千四十九
	少陽少陰上	益八十二	進退二千五十七	老陽老陰上	損五百四十五	進退五百四十五
鎮星	少陽少陰初	益七百四十二	進退空	老陽老陰初	損百八	進退二千八百七十七〔四〕
	少陽少陰二	益六百八十一	進退七百四十二	老陽老陰二	損三百	進退二千七百六十八
	少陽少陰三	益五百八十六	進退千四百二十三	老陽老陰三	損四百五十九	進退二千四百六十八

	少陽/少陰		進退	老陽/老陰		進退
	四	益四百五十九	二千九	四	損五百八十六	二千九
	五	益三百	二千四百六十八	五	損六百八十一	千四百二十三
	上	益百八	二千七百六十八	上	損七百四十二	七百四十二
太白	初	益百一十二	空	初	損十九	四百三十六
	二	益百二	百一十二	二	損四十七	四百一十七
	三	益八十八	二百一十四	三	損六十八	三百七十
	四	益六十八	三百二	四	損八十八	三百二
	五	益四十七	三百七十	五	損百二	二百一十四
	上	益十九	四百一十七	上	損百一十二	百一十二
辰星	初	益二百八十三	空	初	損四十一	千八十八
	二	益二百五十八	二百八十三	二	損百一十三	千四十七
	三	益二百二十一	五百四十一	三	損百七十二	九百三十四
	四	益百七十二	七百六十二	四	損二百二十一	七百六十二

	少陽少陰五 盈百一十三	進退九百三十四	老陽老陰五 損二百五十八	進退五百四十一
	少陽少陰上 盈四十一	進退千四十七	老陽老陰上 損二百八十三	進退二百八十三

星目	變行目	變行日中率	變行度中率	差行損益率
歲星	合後伏	十七日百四十五分	行三度一百四十五分	先遲，日盈疾二分
	前順	百一十四日	行十八度二百八十九分	先疾，二日盈遲一分
	前留	二十七日		
	前退	四十一日	退五度百六十二分	先遲，四日盈疾三分
	後退	四十一日	退五度百六十三分〔五〕	先疾，四日盈遲三分〔六〕
	後留	二十七日		
	後順	百一十四日	行十八度二百八十九分	先遲，二日盈疾一分
	合前伏	十七日百四十六分	行三度一百四十六分	先疾，日盈遲二分
熒惑	合後伏	七十一日三百二十二分	行五十四度三百二十二分	先疾，五日盈遲七分

	前疾	百八日	行七十度	先疾，三日益遲一分
	前次疾	百六日	行六十六度	先疾，九日益遲四分
	前遲	六十日	行二十五度	先疾，日益遲四分
	前留	十三日		
	前退	三十一日	退八度二百一十分	先遲，六日益疾五分
	後退	三十一日	退八度二百一十分	先疾，六日益遲五分
	後留	十三日		
	後遲	六十日	行二十五度	先遲，日益疾四分
	後次疾	百六日	行六十六度	先遲，九日益疾二分
	後疾	百八日	行七十度	先遲，三日益疾一分
	合前伏	七十一日三百二十三分	行五十四度三百二十二分	先遲，五日益疾七分
鎮星	合後伏	十八日百八十四分	行一度百八十四分	先遲，日益疾二分
	前順	八十三日	行七度百二分	先疾，三日益遲一分

	前留	三十七日百六十四分		
	前退	五十日	退二度百四十七分	先遲，十四日益疾一分
	後退	五十日	退二度百四十七分	先疾，十四日益遲一分
	後留	三十七日百六十四分		
	後順	八十三日	行七度百二分	先遲，三日益疾一分
	合前伏	十八日百八十四分	行一度百八十四分	先疾，日益遲二分
太白	晨合後伏	四十一日二百八十分	行五十二度二百八十分	先疾，五日益遲八分
	夕疾行	百七十一日	行二百六度	先疾，五日益遲四分
	夕平行	十二日	行十二度	
	夕遲行	四十三日	行三十一度	先疾，日益遲五分
	夕留	八日		
	夕退	十日	退五度	先遲，日益疾四分
	夕合前伏	六日	退五度	先遲，日益疾四十二分

	夕合後伏	六日	退五度	先疾，日益遲四十二分
	晨退	十日	退五度	先疾，日益遲四分
	晨留	八日		
	晨遲行	四十三日	行三十一度	先遲，日益疾五分
	晨平行	十二日	行十二分〔七〕	
	晨疾行	百七十一日	行二百六度	先遲，五日益疾四分
	晨合前伏	四十一日二百八十分	行五十二度二百八十分	先遲，三日益疾八分
辰星	晨合後伏	十六日三百一十五分	行三十三度三百一十五分	先遲，日益疾十一分
	夕疾行	十二日	行十七度	先疾，日益遲二十五分
	夕平行	九日	行九度	
	夕遲行	六日	行四度	先疾，日益遲三十八分
	夕留	三日		
	夕合前伏	十一日	退六度	先遲，日益疾十五分

夕合後伏	十一日	退六度	先疾，日益遲十五分
晨留	三日		
晨遲行	六日	行四度	先遲，日益疾三十八分
晨平行	九日	行九度	
晨疾行	十二日	行十七度	先遲，日益疾二十五分
晨合前伏	十六日三百一十五分	行三十三度三百一十五分	先疾，日益遲十一分

德宗時，五紀曆氣朔加時稍後天，推測星度與大衍差率頗異。詔司天徐承嗣與夏官正楊景風等，雜麟德、大衍之旨治新曆。上元七曜，起赤道虛四度。建中四年曆成，名曰正元。其氣朔、發斂、日躔、月離、軌漏、交會，悉如五紀法。惟發斂加時無辰法，皆以象統乘小餘，通法而一，爲半辰數。餘五因之，六刻法除之，得刻。不盡，六而一，爲刻分。其軌漏，夜半刻分以刻法準象積取其數用之，以刻法通夜半定漏刻，內分，二十而一，爲晨初餘數。月蝕去交分，如二百七十九已下者，既。已上，以減望差，六十六約之，爲蝕分。日蝕差亦

十五約之，以減八十五，餘爲定法。又加減去交分訖，以減望差，八十五約之，得蝕分。日法不同也。其五星寫麟德曆舊術，因冬至後夜半平合日算，加合後伏日及餘，即平見日算。金、水先得夕見；其滿晨見伏日及餘秒去之，餘爲晨平見。求入常氣，以取定見而推之。麟德曆之啓蟄，正元曆之雨水；麟德曆之雨水，正元曆之驚蟄也。麟德曆熒惑前、後疾變度率，初行入氣差行，日益遲、疾一分，正元曆則二分，亦度母不同也。詔起五年正月行新曆。會朱泚之亂，改元興元。自是頒用，訖元和元年。

建中正元曆演紀上元甲子，距建中五年甲子，歲積四十萬二千九百算外。

正元通法千九十五。

策實三十九萬九千九百四十三。

揲法三萬三千三百三十六〔八〕。

章閏萬一千九百一十一。

策餘五千七百四十三。

用差六千一百六十八。

掛限三萬一千三百四十三。

三元之策十五，餘二百三十九，秒七。
四象之策二十九，餘五百八十一。
一象之策七，餘四百一十九。
中盈分四百七十八，秒一十四。
朔虛分五百一十四。
象統二十四。
象位六。
天中之策五，餘七十九，秒五十五；秒母七十二。
地中之策六，餘九十五，秒四十三；秒母六十。
貞悔之策三，餘四十七，秒五十一半。
刻法二百一十九。六刻法千三百一十四。
乾實三十九萬九千九百五十五，秒二。
周天度三百六十五，虛分二百八十，秒二。
歲差十二，秒二。
秒母百。

定氣	盈縮分	先後數	損益率	朓朒積
冬至	盈八百四十八	先端	益六十三	朒初
小寒	盈六百六十四	先八百四十八	益五十	朒六十三
大寒	盈五百一	先千五百一十二	益三十七	朒百一十三
立春	盈三百五十一	先二千一十三	益二十六	朒百五十
雨水	盈二百一十二	先二千三百六十四	益十六	朒百七十六
驚蟄	盈七十七	先二千五百七十六	益六	朒百九十二
春分	縮七十七	先二千六百五十三	損六	朒百九十八
清明	縮二百一十二	先二千五百七十六	損十六	朒百九十二
穀雨	縮三百五十一	先二千三百六十四	損二十六	朒百七十六
立夏	縮五百一	先二千一十三	損三十七	朒百五十
小滿	縮六百六十四	先千五百一十二	損五十	朒百一十三
芒種	縮八百四十八	先八百四十八	損六十三	朒六十三

夏至	縮八百四十八	後端	益六十三	朓初
小暑	縮六百六十四	後八百四十八	益五十	朓六十三
大暑	縮五百一	後千五百一十二	益三十七	朓百一十三
立秋	縮三百五十一	後二千一十三	益二十六	朓百五十
處暑	縮二百一十二	後二千三百六十四	益十六	朓百七十六
白露	縮七十七	後二千五百七十六	益六	朓百九十二
秋分	盈七十七	後二千六百五十三	損六	朓百九十八
寒露	盈二百一十二	後二千五百七十六	損十六	朓百九十二
霜降	盈三百五十一	後二千三百六十四	損二十六	朓百七十六
立冬	盈五百一	後二千一十三	損三十七	朓百五十
小雪	盈六百六十四	後千五百一十二	損五十	朓百一十三
大雪	盈八百四十八	後八百四十八	損六十三	朓六十三

定氣辰數同大衍。

六虛之差六，秒二十。

轉終分三億一百七十二萬一百三十二。

轉終日二十七餘六百七，秒百三十二。

入轉秒法一萬。

轉法二百一十九。約轉分爲度，曰逡程。積逡程，曰轉積度。

終日	轉分 列衰	損益率	朓朒積
一日	三千二百二十二 退三十八	益百一十	朓初
二日	三千一百八十四 退四十	益九十六	朓百一十
三日	三千一百四十四 退四十五	益八十一	朓二百六
四日	三千九十九 退四十九	益六十四	朓二百八十七
五日	三千五十 退四十九	益四十六	朓三百五十一
六日	三千一 退五十三	益二十七	朓三百九十七

七日	二千九百四十八退五十二	初益七 末損一	朓四百二十四
八日	二千八百九十六退五十二	損十二	朓四百三十
九日	二千八百四十四退四十九	損三十一	朓四百一十八
十日	二千七百九十五退四十九	損五十一	朓三百八十七
十一日	二千七百四十六退四十六	損六十八	朓三百三十六
十二日	二千七百退三十	損八十五	朓二百六十八
十三日	二千六百七十退二十二	損九十六	朓百八十三
十四日	二千六百四十八退十 進三	初損八十七 末益二十五	朓八十七
十五日	二千六百四十一進三十六	益百七	朒二十五
十六日	二千六百七十七進四十三	益九十四	朒百三十二
十七日	二千七百二十進四十五	益七十八	朒二百二十六
十八日	二千七百六十五進四十九	益六十一	朒三百四
十九日	二千八百一十四進五十三	益四十二	朒三百六十五

二十日	二千八百六十七進五十二	益二十三	朒四百七
二十一日	二千九百一十九進五十二	初益五 末損二	朒四百三十
二十二日	二千九百七十一進四十九	損十六	朒四百三十三
二十三日	三千二十進四十九	損三十五	朒四百一十七
二十四日	三千六十九進四十九	損五十三	朒三百八十二
二十五日	三千一百一十八進四十六	損七十一	朒三百二十九
二十六日	三千一百六十四進三十六	損八十八	朒二百五十八
二十七日	三千二百進二十	損百二	朒百七十
二十八日	三千二百二十進十一 退九	初損六十八 末益四十二	朒六十八

七日：初九百七十三，末百二十二。

十四日：初八百五十一，末二百四十四。

二十一日：初七百二十九，末三百六十六。

二十八日：初六百七，末四百八十八。

入交陰陽	屈伸率	屈伸積
一日	屈七十八	積初
二日	屈五十六	積七十八
三日	屈三十六	積百三十四
四日	屈二十六	積百七十
五日	屈三十六	積百九十六
六日	屈五十六	積一度十三
七日	初屈五十九 末伸二十	積一度六十九
八日	伸五十六	積一度百八
九日	伸三十六	積一度五十二
十日	伸二十六	積一度十六
十一日	伸三十六	積二百九
十二日	伸五十六	積百七十三

十三日	伸七十八	積百一十七
十四日	初伸三十九末屈入後	積三十九

辰刻八刻，分七十三。

刻法二百一十九。

昏明刻各二刻，分百九半。

交終分二億九千七百九十七萬三千八百一十五。

交終日二十七，餘二百三十二，秒三千八百一十五。

交中日十三，餘六百六十三，秒六千九百七半。

朔差日二，餘三百四十八，秒六千一百八十五。

望差日一，餘百七十四，秒三千九十二半。

望數日十四，餘八百三十八。

交限日十二，餘四百八十九，秒三千八百一十五。

交率六十一。

交數七百七十七。
交辰法九十一少。
秒法一萬。
去交度乘數十一，除數九百四十五。

太陰損益差：冬至、夏至，益十六，積六十二。小寒、小暑，益十三，積七十八。大寒、大暑，益十一，積九十一。立春、立秋，益十，積百二。雨水、處暑，益八，積百一十二。驚蟄、白露，益六，積百二十。春分、秋分，損六，積百二十六。清明、寒露，損八，積百二十。穀雨、霜降，損十，積百一十二。立夏、立冬，損十一，積百二。小滿、小雪，損十三，積九十一。芒種、大雪，損十六，積七十八。以損益依入定氣求朓朒術入之，各得其望日所入定數。

太陽每日蝕差：月在陰曆，自秋分後、春分前，皆以三百七十三爲蝕差；入春分後，日損四分；入夏至初日，損不盡者六；乃自後日益四分。月在陽曆，自春分後、秋分前，亦以三百七十三爲蝕差；入秋分後，日損四分；入冬至初日，損不盡者六；乃自後日益四分：各得朔日所入定數。

歲星

終率四十三萬六千七百六十，秒四。
終日三百九十八，餘九百五十，秒四。
合後伏日十七，餘千二十三。
熒惑
終率八十五萬四千七，秒七十九。
終日七百七十九，餘千二，秒七十九。
合後伏日七十一，餘千四十九。
鎭星
終率四十一萬三千九百九十四，秒六十三。
終日三百七十八，餘八十四，秒六十三。
合後伏日十八，餘五百九十。
太白
終率六十三萬九千三百八十九，秒二十八。
終日五百八十三，餘四，秒二十八〔九〕。
晨合後伏日四十一，餘九百一十五。

夕見伏日二百五十六，餘五百二，秒一十四。

晨見伏日三百二十七，餘五百二，秒一十四。

辰星

終率十二萬六千八百八十八，秒四半。

終日百一十五，餘九百六十三，秒四半。

晨合後伏日十六，餘千四十。

夕見伏日五十二，餘四百八十一，秒五十二少。

晨見伏日六十三，餘四百八十一，秒五十二少。

秒法一百。

五星平見加減差

歲星

初見，去日十四度，見。入冬至，畢小寒，均減六日。自入大寒後，日損百九分半。入春分初日，依平。自後日加百四十五分半。入立夏，畢小滿，均加六日。自入芒種後，日損百四十五分。入夏至，畢立秋，均加四日。自入處暑後，日損二百九十一分半。入白露初日，依平。自後日減八十七分。入小雪，畢大雪，均減六日。

熒惑

初見，去日十七度，見。入冬至初日，減二十七日。自後日損九百八十五分半。入大寒初日，依平。自後日加六百五十七分。入驚蟄，畢穀雨，均加二十七日。自入立夏後，日損三百二十三分。入立秋，依平。自入處暑後，日減三百二十三分。入小雪，畢大雪，均減二十七日。

鎮星

初見，去日十七度，見。入冬至初日，減四日。自後日益百四十五分半。入大寒，畢春分，均減八日。自入清明後，日損九十六分。入小暑初日，依平。自後日加百四十五分半。入白露初日，加八日。自後日損二百九十一分。入秋分，均加四日。自入寒露後，日損九十六分。入小雪初日，依平。自後日減百四十五分半。

太白

初見，去日十一度。夕見：入冬至初日，依平。自後日減百六十三分。入雨水，畢春分，均減九日。自入清明後，日減百六十三分。入芒種，依平。自入夏至，日加百六十三分。入處暑，畢秋分，均加九日。自入寒露後，日損百六十三分。入大雪，依平。晨見：入冬至，依平。入小寒後，日加百九分半。入立春，畢立夏，均加三日。入小滿後，日損百九分半。入夏至，依平。入小暑後，日減百九分半。入立秋，畢立冬，均減三日。入小雪後，日損百九分半。

辰星

初見，去日十七度。夕見：入冬至，畢清明，依平。入穀雨，畢芒種，均減二日。入夏至，畢大暑，依平。入立秋，畢霜降，應見不見。其在立秋及霜降二氣之內者，去日十八度外，三十六度內，有水、火、土、金一星已上者，見。入立冬，畢大雪，依平。晨見：入冬至，均減四日。入小寒，畢雨水，均減三日。其在雨水氣內，去日度如前，晨無水、火、土、金一星已上者，不見。入驚蟄，畢立夏，應見不見。其在立夏氣內，去日度如前，晨有水、火、土、金一星已上者，亦見。入小滿，畢寒露，依平。入霜降，畢立冬，均加一日。入小雪，畢大雪，依平。

五星變行加減差日度率

歲星

前順：差行。百一十四日，行十八度九百七十一分。先疾，二日益遲三分。

前留：二十六日。

前退：差行。四十二日，退六度。先遲，日益疾二分。

後退：差行。四十二日，退六度。先疾，日益遲二分。

後留：二十五日。

後順：差行。百一十四日，行十八度九百七十一分。先遲，二日益疾三分。日盡而夕伏。

熒惑

前疾：入冬至初日，二百四十三日行百六十五度。自後三日損日度各二。小寒初日，二百三十三日行百五十五度。自後二日損日度各一。穀雨四日，依平。畢小滿九日，百七十八日行百度。自九日後，三日損日度各一。夏至初日，依平。畢六日，百七十一日行九十三度。自六日後，每三日益日度各一。立秋初日，百八十四日行百六度。自後每日益日度各一。白露初日，二百一十四日行百三十六度。自後五日益日度各六。秋分初日，二百三十二日行百五十四度。自後每日益日度各一。寒露初日，二百四十七日行百六十九度。自後五日益日度各三。霜降五日，依平。畢立冬十三日，二百五十九日行百八十一度。自入十三日後，二日損日度各一。

前遲：差行。入冬至，六十日行二十五度；先疾，日益遲三分。自入小寒後，三日損日度各一。大寒初日，五十五日行二十度。自後三日益日度各一。立春初日，畢清明，平，六十日行二十五度。自入穀雨，每氣損度一。立夏初日，畢小滿，平，六十日行二十三度。自入芒種後，每氣益一度。夏至初日，平。畢處暑，六十日行二十五度。自入白露後，三日損度一。秋分初日，六十日行二十度。自後每日益日一，三日益度二。寒露初日，七十五日行三十度。自後每日損日一，三日損度一。霜降初日，六十日行二十五度。自後二日損度一。立冬一日，平。畢氣末，六十日行十七度。自小雪後，五日益度一。大雪初日，六十日行二十度。自後三日益度一。

前留：十三日。前疾減一日率者，以其差分益此留及遲日率。前疾加日率者，以其差分減此留及後遲日率。

退行：入冬至初日，六十三日行二十二度。自後四日益度一。小寒一日，六十三日行二十六度。自入小寒一日後，三日半損度一。立春三日，平。畢雨水，六十三日退十七度。自入驚蟄後，二日益日度各一。驚蟄八日，平。畢氣末，六十七日退二十一度。自入春分後，一日損日度各一。春分四日，平。畢芒種，六十三日退十七度。自入夏至後，每六日損日度各一。大暑初日，平。畢氣末，五十八日退十二度。立秋初日，平。畢氣末，五十七日退十一度。自入白露後，二日益日度各一。白露十二日，平。畢秋分，六十三日退十七度。自入寒露後，三日益日度各一。寒露九日，平。畢氣末，六十六日退二十度。自入霜降後，二日損日度各一。霜降六日，平。畢氣末，六十三日退十七度。自入立冬後，三日益日度各一。立冬十二日，平。畢氣末，六十七日退二十一度。自入小雪後，二日損日度各一。小雪八日，平。畢氣末，六十三日退十七度。自入大雪後，三日益度一。

後留：冬至初日，十三日。大寒初日，平。畢氣末，二十五日。自入立春後，二日半損一日。驚蟄初日，十三日。自後三日益日一。清明初日，三十三日。自後每日損日一。清明十日，平。畢處暑，十三日。自入白露後，二日損日一。秋分十一日，無留。自入秋分十一日後日益日一。霜降初日，十九日。立冬畢大雪，十三日。

後遲：差行。六十日行二十五度。先遲，日益疾三分。前疾加度者，此遲依數減之爲定。若不加度者，此遲入秋分至立冬減三度，入立冬到冬至減五度，後留定日十三日者，以所朒數加此遲日率。

後疾：冬至初日，二百一十日行百三十二度。自後每日損日度各一。大寒八日，百七十二日行九十四度。自入大寒八日後，二日損日度各一。雨水，平。畢氣末，百六十一日行八十三度。自入驚蟄後，三日益日度各一。穀雨三日，百七十七日行九十九度。自三日後每日益日度各一。芒種十四日，平。畢夏至十日，二百三十三日行百五十五度。自十日後，每日益日度各一。小暑五日，二百五十三日行百七十五度。自後每日益日度各一。大暑初日，平。畢處暑，二百六十三日行百八十五度。自入白露後，二日損日度各一。秋分一日，二百五十五日行百七十七度。自一日後，每三日損日度各一。大雪初日，二百五日行百二十七度。自後三日益日度各一。

鎮星

前順：差行。八十三日，行七度四百七十四分。先疾，三日益遲二分。

前留：三十七日。

前退：差行。五十一日，退三度。先遲，二日益疾一分。

後退：差行。五十一日，退三度。先疾，二日益遲一分。

後留：三十六日。

後順：差行。八十三日，行七度四百七十四分。先遲，三日益疾二分。

太白

夕見：入冬至，畢立夏，立秋畢大雪，百七十二日行二百六度。自入小滿後，十日益度一，爲定初。入白露，畢春分，差行；先疾，日益遲二分。自餘，平行。夏至畢小暑，百七十二日行二百九度。自入大暑後，五日損一度，畢氣末。

夕平行：冬至及大暑、大雪各畢氣末，十三日行十三度。自入冬至後，十日損一，畢立春。入立秋，六日益一，畢秋分。雨水畢芒種，七日行七度。自入夏至後，五日益一，畢小暑。寒露初日，二十三日行二十三度。自後六日損一，畢小雪。

夕遲：差行。四十二日行三十度。先疾，日益遲十三分。前加度過二百六度者，準數損此度。

夕留：七日。

夕退：十日，退五度。日盡而夕伏。

晨退：十日，退五度。

晨留：七日。

晨遲：差行。冬至畢立夏，大雪畢氣末，四十二日行三十度；先遲，日益疾十三分。自小滿後，率十日損一度，畢芒種。夏至畢寒露，四十二日行二十七度；差依前。自入霜降後，每氣益一度，畢小雪。

晨平行：冬至畢氣末，立夏畢氣末，十三日行十三度。自小寒後，六日益日度各一，畢雨水。入小滿後，七日損日度各一，畢立秋。驚蟄初日，二十三日行二十三度。自後六日損日度各一，畢穀雨。處暑畢寒露，無此平行。自入霜降後，五日益日度各一，畢大雪。

晨疾：百七十二日，行二百六度。前遲行損度不滿三十者，此疾依數益之。處暑畢寒露，差行；先遲，日益疾二分。自餘，平行。日盡而晨伏。

辰星

夕見疾：十二日，行二十一度十分。大暑畢處暑，十二日，行十七度十六分。

夕平：七日，行七度。自入大暑後，二日損度各一。入立秋，無此平行。

夕遲：六日，行二度七分。前疾行十七度者，無此遲行。

夕伏留：五日。日盡而夕伏。

晨見留：五日。

晨遲：六日，行二度七分。自入大寒，畢雨水，無此遲行。

晨平行：七日，行七度。入大寒後，二日損日度各一。入立春，無此平行，

晨疾：十二日，行二十一度十分。前無遲行者，十二日，行十七度十六分。日盡而晨伏。

校勘記

〔一〕加減本疾度變率　「度變率」，各本原作「變度率」。按本卷上下文皆作「度變率」，逕改。

〔二〕小寒小暑益十七　錢校說：「據數當作『十六』。」按小寒、小暑益差等於小寒、大寒兩積之差，亦即小暑大寒兩積之差。錢說是。

〔三〕小滿小雪損十七　錢校說：「據數當作『十六』。」按小滿、小雪損差等於小滿、芒種兩積之差，亦即小雪、大雪兩積之差。錢說是。

〔四〕進退二千八百七十七　錢校說：「據數當作『進退二千八百七十六』。」按進退積應爲前列諸爻日損益

率之累計。錢說是。

〔五〕退五度百六十三分　合鈔卷四七作「退五度百六十二分」。按本卷上文所載歲星前退變行度中率爲「退五度百六十二分」，後退變行度中率應同。合鈔是。

〔六〕先疾四日益遲三分　衲、汲、殿本作「先遲四日益疾三分」，局本及合鈔卷四七作「先疾四日益遲三分」。按行星在後退期間運行速度由疾而遲，局本是，據改。

〔七〕行十二分　合鈔卷四七作「行十二度」。按行星在平行期間日行一度，本卷同表所載其他諸星夕平行、晨平行皆如此。合鈔是。

〔八〕揲法三萬三千三百三十六　合鈔卷四七作「揲法三萬二千三百三十六」。按以通法除揲法，得四象之策。合鈔是。

〔九〕終日五百八十三餘四秒二十八　此十三字各本原無。錢校說：「步五星術太白終率數下脫『終日五百八十三，餘四，秒二十八』十三字。由下列晨夕見伏日數相加得終日數。」按本卷所載正元曆步五星術，其他行星之下皆列終日及餘、秒，此處應無例外。經以通法除終率核算，錢說是，從補。

唐書卷三十上

志第二十上

曆六上

憲宗即位，司天徐昂上新曆，名曰觀象。起元和二年用之，然無蔀章之數。至於察斂啓閉之候，循用舊法，測驗不合。至穆宗立，以爲累世纘緒，必更曆紀，乃詔日官改撰曆術，名曰宣明。上元七曜，起赤道虛九度。其氣朔、發斂、日躔、月離，皆因大衍舊術；晷漏、交會，則稍增損之；更立新數，以步五星。其大略謂：

通法曰統法。策實曰章歲。揲法曰章月。掛限曰閏限。三元之策曰中節。四象之策曰合策。一象之策曰象準。策餘曰通餘。爻數曰紀法。通紀法爲分，曰旬周。章歲乘年，曰通積分。地中之策曰候策。天中之策曰卦策。以貞悔之策減中節，曰辰數。以加季月之節，卽土用事日。凡小餘滿辰法，爲辰數；滿刻法，爲刻。乾實曰象數。秒法三百。以乘統法，曰分統。

凡步七曜入宿度，皆以刻法爲度母。凡刻法乘盈縮分，如定氣而一，曰氣中率。與後氣中率相減，爲合差。以定氣乘合差，倂後定氣以除，爲中差。加、減氣率，爲初、末率。倍中差，百乘之，以定氣除，爲日差。半之，以加、減初、末，各爲定率。以日差累加、減之，爲每日盈縮分。凡百乘氣下先後數，先減、後加常氣，爲定氣限數。乘歲差千四百四十，爲秒分。以加中節，因冬至黃道日度，累而裁之，得每定氣初日度。

入轉曰曆。凡入曆，如曆中已下爲進；已上，去之，爲退。凡定朔小餘，秋分後，四分之三已上，進一日。春分後，昏明小餘差春分初日者，五而一，以減四分之三。定朔小餘如此數已上者，進一日。或有交，應見虧初，則否。定弦望小餘，不滿昏明小餘者，退一日。或有交，應見虧初者，亦如之。凡正交，以平交入曆朓朒定數，朓減、朒加平交入定氣餘，滿若不足，進退日算，爲正交入定氣，不復以交率乘、交數除，及不加減平交入氣朓朒也。

凡推月度，以曆分乘夜半定全漏，如刻法而一，爲晨分；以減曆分，爲昏分。又以定朔、弦、望小餘乘曆分，統法除之，以減晨分，餘爲前；不足，反相減，餘爲後。乃前加、後減加時月度，爲晨昏月度。以所入加時日度減後曆加時日度，餘加上弦之度及餘，以所入日前減、後加，又以後曆前加、後減，各爲定程。乃累計距後曆每日曆度及分，以減定程，爲盈；不足，反相減，爲縮。以距後曆日數均其差，盈減、縮加每日曆分，爲曆定分。累以加朔、弦、望晨昏月度，爲每日晨昏月度，不復加減屈伸也。

交統曰中統。象積曰刻法。消息曰屈伸。以屈伸準盈縮分，求每日所入，曰定衰。五乘之，二十四除之，曰漏差。屈加、伸減氣初夜半漏，得每日夜半定漏。刻法通爲分，曰昏明小餘。二十一乘屈伸定數，二十五而一，爲黃道屈伸差。乃屈減、伸加氣初去極度分，得每日去極度分。以萬二千三百八十六乘黃道屈伸差，萬六千二百七十七而一，爲每日度差。屈減、伸加氣初距中度分，得每日距中度數。凡屈伸準消息於中晷，曰定數；於漏刻，曰漏差；於去極，曰屈伸差；於距中度，曰度差。

交終曰終率。朔差曰交朔。望數曰交望。交限曰前準。望差曰後準。凡月行入四象陰陽度有分者，十乘之，七而一，爲度分。不盡，十五乘之，七除，爲大分。不盡又除，爲小分。乃以一象之度九十除之，兼除度差分百一十三、大分七、小分一少，然後以次象除之。

凡日蝕，以定朔日出入辰刻距午正刻數，約百四十七，爲時差。視定朔小餘如半法已下，以減半法，爲初率；已上，減去半法，餘爲末率。以乘時差，如刻法而一，初率以減，末率倍之，以加定朔小餘，爲蝕定餘。月蝕，以定望小餘爲蝕定餘。

凡日蝕，有氣差，有刻差，有加差。二至之初，氣差二千三百五十。距二至前後，每日損二十六，至二分而空。以日出沒辰刻距午正刻數，約其朔日氣差，以乘食甚距午正刻數，所得以減氣差，爲定數。春分後，陰曆加之，陽曆減之；秋分後，陰曆減之，陽曆加之。二至初日，無刻差。自後每日益差分二、小分十。起立春至立夏，起立秋至立冬，皆以九十四分有半爲刻差。自後日損差分二、小分十，至二至之初損盡。以朔日刻差乘食甚距午正刻數，爲刻差定數。冬至後食甚在午正前，夏至後食甚在午正後，陰曆以減，陽曆以加；冬至後食甚在午正後，夏至後食甚在午正前，陰曆以加，陽曆以減。

又立冬初日後，每氣增差十七。至冬至初日，得五十一。自後，每氣損十七，終于大寒，損盡。若蝕甚在午正後，則每刻累益其差，陰曆以減，陽曆以加。應加減差，同名相從，異名相銷，各爲蝕差。以加減去交分，爲定分。月在陰曆，不足減，反減蝕差。交前減之，餘爲陽曆交後定分；交後減之，餘爲陽曆交前定分：皆不蝕。陽曆不足減，亦反減蝕差。交前減之，餘爲陰曆交後定分；交後減之，餘爲陰曆交前定分：皆蝕。

凡去交定分，如陽曆蝕限已下，爲陽曆蝕。以陽曆定法約，爲蝕分。已上者，以陽曆蝕限減之，餘爲陰曆蝕。以陰曆定法約之，以減十五，餘爲蝕分。

凡月蝕去交分，二千一百四十七已下，皆既。已上者，以減後準，餘如定法五百六約，爲蝕分。凡月蝕既，汎用刻二十。如去交分千四百三十五已下，因增半刻。七百一十二已下，又增半刻。凡日月帶蝕出沒，各以定法通蝕分，半定用刻約之，以乘見刻。多於半定用刻，出爲進，沒爲退。少於半定用刻，出爲退，沒爲進。各如定法而一，爲見蝕之大分。朔晝、望夜皆爲見刻。其九服蝕差，則不復考詳。

五星終率曰周率。因平合加中伏，得平見。金、水加夕，得晨；加晨，得夕。又以變差乘年，滿象數去之；不盡爲變交。三百約爲分，統法而一，以減平見。三十六乘平見秒，十二乘變交秒，同以三千六百爲母。餘如交率已下，星在陽曆；已上，去之，爲入陰曆。各以變策除，爲變數，命初變算外；不盡爲入其變度數及餘。自此百約餘分，母同刻法。以所入變下數，加減平見，爲常見。金星晨見，先計自夕見，盡夕退，應加減先後差。同名相從，異名相銷。與晨常見加減差，異名相銷，同名相從。依加減晨平見爲常見。

凡常見計入定氣，求先後定數，各以差率乘之，差數而一，爲定差。晨見先減、後加，夕見先加、後減常見，爲定見。以常見與定見加減數，加減平見入變度數及餘秒，爲定見初變所入。以所行度順加、退減之，卽次變所入。各以所入變下差數加減日度變率。其水星常見與定見加減數，同名相從，異名相銷，反其加減。夕見差加疾行日率者，倍其差，加度率。又分其差，以加遲留日率。晨見亦分其差，以加遲留日率，以所差之數，加疾行日率，亦倍其差，加疾行度率。夕見差減疾行日率者，倍其差，減度率。又以其差減留日，不足減，侵減遲日。晨見差減留日，不足減者，侵減遲日，亦以其差減疾行日率，倍其差，以減度率。前變初日與後變末日先後數，同名相銷，異名相從，爲先後定數。各以差率乘之，差數而一，爲日差。金星用後變差率、差數。以先後定數減之，爲度差。金星夕伏，以日差減先後定數，爲度差。晨伏以先後定數加日差，爲度差。水星夕伏，以先後定數爲日差。倍之，爲度差。乃以日度差，積盈者以減、積縮者以加末變日度率。金、水晨伏，反用其差。又倍退行差，差率乘之，差數而一，爲日差。以退差減之，爲度差。金星夕伏，以日差減退差，爲度差。晨伏以退差加日差，爲度差。以退行日度差應加者減末變日度率。晨伏反用其差。各加減變訖，爲日度定率。

他亦皆準大衍曆法。其分秒不同，則各據本曆母法云。

起長慶二年，用宣明曆。自敬宗至于僖宗，皆遵用之。雖朝廷多故，不暇討論，然大衍曆後，法制簡易，合望密近，無能出其右者。訖景福元年。

觀象曆今有司無傳者。

長慶宣明曆演紀上元甲子，至長慶二年壬寅，積七百七萬一百三十八算外。

宣明統法八千四百。

章歲三百六萬八千五十五。

章月二十四萬八千五十七。

通餘四萬四千五十五。

章閏九萬一千三百七十一。

閏限二十四萬四百四十三，秒六。

中節十五，餘千八百三十五，秒五

合策二十九，餘四千四百五十七。

象準七，餘三千二百一十四少。

中盈分三千六百七十一，秒二。

朔虛分三千九百四十三。

旬周五十萬四千。

紀法六十。

秒法八。

候數五，餘六百一十一，秒七。

卦位六，餘七百三十四，秒二。

辰數十二，餘千四百六十八，秒四。

刻法八十四。

象數九億二千四十四萬六千一百九十九。

周天三百六十五度。

虛分二千一百五十三，秒二百九十九。

歲差二萬九千六百九十九。

分統二百五十二萬。

秒母三百。

氣節	盈縮分	先後數	損益率	朓朒數
冬至	盈六十	先初	益四百四十九	朒初

小寒	盈五十	先六十	益三百七十四	朒四百四十九
大寒	盈四十	先百一十	益二百九十九	朒八百二十三
立春	盈三十	先百五十	益二百二十四	朒千一百二十二
雨水	盈十八	先百八十	益百三十五	朒千三百四十六
驚蟄	盈六	先百九十八	益四十五	朒千四百八十一
春分	縮六	先二百四	損四十五	朒千五百二十六
清明	縮十八	先百九十八	損百三十五	朒千四百八十一
穀雨	縮三十	先百八十	損二百二十四	朒千三百四十六
立夏	縮四十	先百五十	損二百九十九	朒千一百二十二
小滿	縮五十	先百一十	損三百七十四	朒八百二十三
芒種	縮六十	先六十	損四百四十九	朒四百四十九
夏至	縮六十	後初	益四百四十九	朓初
小暑	縮五十	後六十	益三百七十四	朓四百四十九

大暑	縮四十	後百一十	益二百九十九	朓八百二十三
立秋	縮三十	後百五十	益二百二十四	朓千一百二十二
處暑	縮十八	後百八十	益百三十五	朓千三百四十六
白露	縮六	後百九十八	益四十五	朓千四百八十一
秋分	盈六	後二百四	損四十五	朓千五百二十六
寒露	盈十八	後百九十八	損百三十五	朓千四百八十一
霜降	盈三十	後百八十	損二百二十四	朓千三百四十六
立冬	盈四十	後百五十	損二百九十九	朓千一百二十二
小雪	盈五十	後百一十	損三百七十四	朓八百二十三
大雪	盈六十	後六十	損四百四十九	朓四百四十九

二十四定氣皆百乘其氣盈縮分，盈減、縮加中節，爲定氣所有日及餘、秒。

六虛之差五十三，秒二百九十九。

曆周二十三萬一千四百五十八，秒十九。
曆周日二十七，餘四千六百五十八，秒十九。
曆中日十三，餘六千五百二十九，秒九半。
周差日一，餘八千一百九十八，秒八十一。
秒母一百。
七日：初數，七千四百六十五；末數，九百三十五。
十四日：初數，六千五百二十九；末數，千八百七十一。
上弦：九十一度，餘二千六百三十八，秒百四十九太。
望：百八十二度，餘五千二百七十六，秒二百九十九半。
下弦：二百七十三度，餘七千九百一十五，秒百四十九半。
秒母三百。以刻法約曆分爲度，積之爲積度。

曆日	曆分 進退衰	積度	損益率	朓朒積
一日	千一十二 進十四	初度	益八百三十	朒初
二日	千二十六 進十六	十二度四分	益七百二十六	朒八百三十

三日	千四十二進十八	二十四度二十二分	益六百六	朒千五百五十六
四日	千六十進十八	三十六度五十六分	益四百七十一	朒二千一百六十二
五日	千七十八進十八	四十九度二十四分	益三百三十七	朒二千六百三十三
六日	千九十六進十九	六十二度一十分	益二百二	朒二千九百七十
七日	千一百一十五進十九	七十五度十四分	初益五十三 末損七	朒三千一百七十二
八日	千一百三十四進十九	八十八度三十七分	損八十二	朒三千二百一十八
九日	千一百五十三進十九	百一度七十九分	損二百二十四	朒三千一百三十六
十日	千一百七十二進十九	百一十五度五十六分	損三百六十六	朒二千九百一十二
十一日	千一百九十一進十八	百二十九度五十二分	損五百九	朒二千五百四十六
十二日	千二百九進十四	百四十三度六十七分	損六百四十三	朒二千三十七
十三日	千二百二十三進十一	百五十八度十六分	損七百四十八	朒千三百九十四
十四日	千二百三十四進退空	百七十二度六十三分	初損六百四十六	朒六百四十六
一日	千二百三十四退十四	百八十七度三十七分	益八百三十	朓初

二日	千二百二十退十七	二百二度十一分	益七百二十六	朓八百三十
三日	千二百三退十八	二百一十六度五十五分	益五百九十八	朓千五百五十六
四日	千一百八十五退十八	二百三十度八十二分	益四百六十四	朓二千一百五十四
五日	千一百六十七退十八	二百四十五度七分	益三百二十九	朓二千六百一十八
六日	千一百四十九退十八	二百五十八度八十二分	益百九十五	朓二千九百四十七
七日	千一百三十一退十九	二百七十二度五十五分	初益五十三 末損七	朓三千一百四十二
八日	千一百一十二退十九	二百八十六度十分	損八十二	朓三千一百八十八
九日	千九十三退十九	二百九十九度三十分	損二百二十五	朓三千一百六
十日	千七十四退十八	三百一十二度三十一分	損三百六十六	朓二千八百八十一
十一日	千五十六退十七	三百二十五度十三分	損五百一	朓二千五百一十五
十二日	千三十九退十五	三百三十七度六十一分	損六百二十八	朓二千一十四
十三日	千二十四退十二	三百五十度八分	損七百四十	朓千三百八十六
十四日	千一十二進退空	三百六十二度二十四分	初損六百四十六	朓六百四十六

中統四千二百。

辰刻八刻，分二十八。

昏、明刻各二刻，分四十二。

刻法八十四。度母同刻法。

距極度五十六，餘八十二分半。

北極出地三十四度，餘四十七分半。

定氣	屈伸數	黃道去極度	陽城日晷	夜半定漏	距中星度
冬至	屈六十五	百一十五度十七分	丈二尺七寸三十二分〔一〕	二十七刻四十分	八十二度二十二分
小寒	屈二百二十五	百一十四度〔二〕三十六分	丈二尺三寸九分十一	二十七刻二十九分	八十二度六十四分
大寒	屈三百六十五	百一十二度二十五分	丈一尺三寸八分三十	二十六刻七十四分	八十四度四十分
立春	屈四百八十五	百八度五十五分	九尺九寸四分七十八	二十六刻十分	八十七度二十一分
雨水	屈五百八十五	百三度六十七分	八尺三寸七分八十一	二十五刻九分	九十度七十九分
驚蟄	屈六百六十五	九十七度八十分	六尺八寸八分七十四	二十三刻七十四分	九十五度三十三分

春分	屈六百六十五	九十一度二十五分	五尺四寸四分七十	二十二刻四十二分	百度三十八分
清明	屈五百八十五	八十四度五十五分	四尺一寸九分五十九	二十二刻十分	百五度四十三分
穀雨	屈四百八十五	七十八度六十七分	三尺二寸六十九	十九刻七十五分	百九度八十一分
立夏	屈三百六十五	七十三度八十分	二尺四寸四分五十一	十八刻七十四分	百一十三度五十五分
小滿	屈二百二十五	七十度二十五分	尺八寸九分八十九	十八刻十分	百一十六度三十六分
芒種	屈六十五	六十八度四分	尺五寸七分十四	十七刻五十五分	百一十八度十二分
夏至	伸六十五	六十七度三十四分	尺四寸七分八十	十七刻四十四分	百一十八度五十四分
小暑	伸二百二十五	六十八度四分	尺五寸七分十四	十七刻五十五分	百一十八度十二分
大暑	伸三百六十五	七十度二十五分	尺八寸九分八十九	十八刻十分	百一十六度三十六分
立秋	伸四百八十五	七十三度八十分	二尺四寸四分五十一	十八刻七十四分	百一十三度五十五分
處暑	伸五百八十五	七十八度六十七分	三尺二寸六十九	十九刻七十五分	百九度八十一分
白露	伸六百六十五	八十四度五十五分	四尺一寸九分五十九	二十一刻十分	百五度四十三分
秋分	伸六百六十五	九十一度二十五分	五尺四寸五分七十〔三〕	二十二刻四十二分	百度三十八分

寒露	伸五百八十五	九十七度八十分	六尺八寸八分七十四	二十三刻七十四分	九十五度三十三分
霜降	伸四百八十五	百三度六十七分	八尺三寸七分八十一	二十五刻九分	九十度七十九分
立冬	伸三百六十五	百八度五十五分	九尺九寸四分七十八	二十六刻十分	八十七度二十一分
小雪	伸二百二十五	百一十二度二十五分	丈一尺三寸八分三十	二十六刻七十四分	八十四度四十分
大雪	伸六十五	百一十四度四十六分	丈二尺三寸九分十一	二十七刻二十九分	八十二度六十四分

終率二十二萬八千五百八十二，秒六千五百一十二。

終日二十七，餘千七百八十二，秒六千五百一十二。

中日十三，餘五千九十一，秒三千二百五十六。

交朔日二，餘二千六百七十四，秒三千四百八十八。

交望日十四，餘六千四百二十八，秒五千。

前準日十二，餘三千七百五十四，秒千五百一十二。

後準日一，餘千三百三十七，秒千七百四十四。

陰曆蝕限六千六十。

陽曆蝕限二千六百四十。
陰曆定法四百四。
陽曆定法百七十六。
交率二百二。
交數二千五百七十三。
秒法一萬。
去交度乘數十一，除數七千三百三。

歲星

周率三百三十五萬五百四十，秒八十三。
周策三百九十八，餘七千三百四十，秒八十三。
中伏日十六，餘七千八百七十，秒四十一半。
變差九十八，秒三十二。
交率百八十二，餘五十二，秒二十七。
變策十五，餘十八，秒三十五。

差率五。
差數四。
熒惑
周率六百五十五萬一千三百九十五，秒二十六。
周策七百七十九，餘七千七百九十五，秒二十六。
中伏日七十，餘八千九十七，秒六十三。
變差三千五，秒一。
交率百八十二，餘五十二，秒三十二。
變策十五，餘十八，秒三十六。
差率三十九。
差數十。
鎮星
周率三百一十七萬五千八百七十九，秒七十九。
周策三百七十八，餘六百七十九，秒七十九。
中伏日十八，餘四千五百三十九，秒八十九半。

變差二百七十七，秒九十二。
交率百八十二，餘五十二，秒二十七。
變策十五，餘十八，秒三十五。
差率十。
差數九。

太白

周率四百九十萬四千八百四十五，秒八十五。
周策五百八十三，餘七千六百四十五，秒八十五。
夕見伏日二百五十六。
夕見伏行二百四十四度。
晨見伏日三百二十七，餘七千六百四十五，秒八十五。
晨見伏行三百四十九，餘七千六百四十五，秒八十五。
中伏日四十一，餘八千二十二，秒九十二半。
變差千二百三十六，秒十二。
交率百八十二，餘五十二，秒二十九。

變策十五，餘十八，秒三十五。

夕見差率三十一。

差數十。

晨見差率二。

差數三。

辰星

周率九十七萬三千三百九十，秒二十五。

周策百一十五，餘七千三百九十，秒二十五。

夕見伏日五十二。

夕見伏行十八度。

晨見伏日六十三，餘七千三百九十，秒二十五。

晨見伏行九十七度，餘七千三百九十，秒二十五。

中伏日十八，餘七千八百九十五，秒十二半。

變差三千二百一，餘十，秒六十七。

交率百八十二，餘五十二，秒三十二。

變策十五，餘十八，秒三十六。

差率、差數空。

秒法百。

小分法三千六百。

五星平見加減曆

變數	歲星	熒惑	鎮星	太白夕	太白晨	辰星夕	辰星晨
陽初	減空	加空	五百八十	加空	七十六	加空	二百七十七
二	百二十六	九百七十	六百五	百二十六	百三十九	百五十一	三百七十八
三	二百三十九	千七百六十四	六百五	二百五十二	百八十九	二百七十七	四百五十四
四	三百四十	二千一百六十七	六百五	三百七十八	二百二十七	三百七十八	五百四
五	四百二十八	二千二百三十	五百八十	五百四	二百五十二	四百五十四	四百七十九
六	四百九十一	二千二百五十五	五百四	六百三十	二百六十五	五百四	四百五十四

七	五百一十七	二千二百六十八	三百七十八	七百五十六 二百五十二	四百七十九 四百三
八	四百九十一	二千一百九十二	二百二十七	六百三十 二百二十七	四百五十四 三百二十八
九	四百二十八	千九百六十六	七十六	五百四 百八十九	四百三 二百二十七
十	三百四十	千五百一十二	加七十六	三百七十八 百三十九	三百二十八 百二十六
十一	二百三十九	千二十一	百八十九	二百五十二 七十六	二百二十七 加空
十二	百二十六	五百一十七	三百一十五	百二十六 加空	百二十六 百五十一
陰初	加空	減空	四百五十四	減空 七十六	減空 二百七十七
二	百二十六	百二十六	六百五	百二十六 百三十九	百五十一 三百七十八
三	二百三十九	二百一十四	五百二十九	二百五十二 百八十九	二百七十七 四百五十四
四	三百四十	五百一十七	四百五十四	三百七十八 二百二十七	三百七十八 五百四
五	四百二十八	九百三十二	三百七十八	五百四 二百五十二	四百五十四 四百七十九
六	四百九十一	千四百二十四	三百二	六百三十 二百六十六	五百四 四百五十四
七	五百一十七	二千二百六十八	二百一十八	七百五十六 二百五十二	四百七十九 四百三

八	四百九十一	二千二百六十八	百一十三	六百三十 二百三十七	四百五十四 三百二十八
九	四百二十八	二千二百五十五	減空	五百四 百八十九	四百三 二百二十七
十	三百四十	二千一百六十一	二百二十七	三百七十八 百三十九	三百二十八 百二十六
十一	二百三十九	二千七十九	四百三	二百五十二 七十六	二百二十七 減空
十二	百二十六	千九十六	五百四	百二十六 減空	百二十六 百五十一

歲星	前順百一十五日行十九度三十三分	前留二十五日	退行八十五日行十度八十二分	後留二十五日	後順百一十五日行十九度三十三分
初見去日十四度。	先疾，日益遲十三秒。		益疾、益遲二十一秒。		先遲，日益疾十三秒。
陽初	七十六		三十四		六十三
二	六十三		四十		七十六
三	五十		三十四		六十三
四	三十八		二十七		五十
五	二十五		二十		三十八

六	十三		十三		二十五
七	加空		七		十三
八	十三		減空		加空
九	二十五		七		十三
十	三十八		十三		二十五
十一	五十		二十		三十八
十二	六十三		二十七		五十
陰初	七十六		三十四		六十三
二	六十三		四十		七十六
三	五十		三十四		六十三
四	三十八		二十七		五十
五	二十五		二十		三十八
六	十三		十三		二十五

七	減空		七		十三
八	十三		加空		減空
九	二十五		七		十三
十	三十八		十三		二十五
十一	五十		二十		三十八
十二	六十三		二十七		五十

熒惑	前疾二百二十日行百四十度	前遲六十日行二十五度	前留	退行六十三日行十七度	後留	後遲六十日行二十五度	後疾二百七日行百三十四度
初見去日十七度。	先疾，日益遲五秒。	先疾，日益遲四十二秒。	十三日	益疾、益遲九秒。	十三日	先遲，日益疾四十二秒。	先遲，日益疾五秒。
陽初	七百五十六	百一		五十		百一	二千五百二十
二	減空	百二十六		六十三		百二十六	千六百七十六
三	二百三十九	百五十一		七十六		百五十一	八百三十二
四	五百四	百二十六		百五十一		百二十六	減空

五	千八	百一		二百七十七		百一	六百三十
六	千八百三十八	七十六		二百五十二		七十六	七百六
七	二千五百二十	五十		二百二十七		五十	千六百七十六
八	三千二十四	二十五		百四十三		二十五	二千九百三十六
九	三千二百七十六	減空		三十八		加空	三千九百六
十	三千四百四十	二十五		加空		二十五	四千五百三十六
十一	三千六百一十六	五十		七十六		五十	四千四百六十
十二	三千四百四十	七十六		八十八		七十六	四千一百八
陰初	三千二百七十六	百一		百一十三		百一	三千六百九十六
二	二千五百二十	百二十六		百三十九		百二十六	三千二百八十
三	千三百三十八	百五十一		二百五十二		百五十一	二千二百六十八
四	加空	百二十六		二百七十七		百二十六	千八
五	千三百三十八	百一		百七十六		百一	加三百四十

六	二千六百九十六	七十六		百一		七十六	二千五百一十二
七	三千二百七十六	五十		七十六		五十	三千三百五十六
八	三千六百一十六	二十五		五十		二十五	四千三百三十二
九	三千五百三十一	加空		二十五		減空	四千三十二
十	二千九百三十八	二十五		減空		二十五	三千三百五十二
十一	二千二百六十八	五十		十三		五十	三千一百五十四
十二	千五百一十三	七十六		二十五		七十六	二千五百六十二

鎮星	前順八十三日行七度三十六分	前留三十六日	退行百三日行六度	後留三十六日	後順八十三日行七度三十六分
初見去日十七度。	先疾，日益遲八秒。		益疾、益遲二秒。		先遲，日益疾八秒。
陽初	二十六		二十		二十六
二	三十二		二十五		三十二
三	三十八		三十		三十八

四	三十二		二十五		三十二
五	二十六		二十		二十六
六	二十		十五		二十
七	十三		十		十三
八	七		五		七
九	加空		減空		加空
十	七		五		七
十一	十三		十		十三
十二	二十		十五		二十
陰初	二十六		二十		二十六
二	三十二		二十五		三十二
三	三十八		三十		三十八
四	三十二		二十五		三十二

五	二十六		二十		二十六
六	二十		十五		二十
七	十三		十		十三
八	七		五		七
九	減空		加空		減空
十	七		五		七
十一	十三		十		十三
十二	二十		十五		二十

太白	初見去日十一度。	陽初	二
夕疾百七十二日行二百六度	先疾，日益遲八十四秒〔四〕。	二百二十七	百一十二
夕平十三日行十三度		六	十二
夕遲四十二日行三十度	先疾，日益遲一分二十八秒	減空	十三
夕留	七日		
夕退十日行五度	先遲，日益疾八十四秒	四	空
晨見退行十日行五度	先疾，日益遲八十四秒	十三	八
晨留	七日		
晨遲四十二日行三十度	先遲，日益疾一分二十八秒	百六十四	百三十九
晨平十三日行十三度		七十六	八十八
晨疾百七十二日行二百六度	先遲，日益疾十九秒。	四百五十四	五百六十七

三	減空	十八	二十五		減空	四		百一十三	七十六	六百八十
四	百一十三	二十四	三十八		空	空		七十六	六十三	五百六十七
五	二百二十七	三十一	五十		四	空		三十八	五十	四百五十四
六	三百四十	三十八	六十三		八	減空		加空	三十八	三百四十
七	四百五十四	三十一	七十六		十三	空		三十八	十九	二百二十七
八	五百六十七	二十四	六十三		十三	空		七十六	加空	百一十三
九	六百八十	十八	五十		十三	四		百一十三	十八	加空
十	五百六十七	十二	三十八		十三	八		百三十九	三十八	百一十三
十一	四百五十四	六	二十五		十三	十三		百六十四	五十	二百二十七
十二	三百四十	加空	十三		八	十三		百七十六	六十三	三百四十
陰初	二百二十七	六	加空		四	十三		百六十四	七十六	四百五十四
二	百一十三	十二	十三		空	八		百三十九	八十八	五百六十七
三	加空	十八	二十五		加空	四		百一十三	七十六	六百八十

四	百一十三	二十四	三十八		空	空		七十六	六十三	五百六十七
五	二百二十七	三十一	五十		四	空		三十八	五十	四百五十四
六	三百四十	三十八	六十三		八	加空		減空	三十八	三百四十
七	四百五十四	三十一	七十六		十三	空		三十八	十九	二百二十七
八	五百六十七	二十四	六十三		十三	空		七十六	減空	百一十三
九	六百八十	十八	五十		十三	四		百一十三	十八	減空
十	五百六十七	十二	三十八		十三	八		百三十九	三十八	百一十三
十一	四百五十四	六	二十五		十三	十三		百六十四	五十	二百二十七
十二	三百四十	減空	十三		八	十三		百七十六	六十三	三百四十

辰星	初見去日十七度。
夕疾十二日行十七度	先疾，日益遲三分。
夕遲十一日行九度	先疾，日益遲六分。
夕留三日	
晨留三日	
晨遲十一日行九度	先遲，日益疾六分。
晨疾十二日行十七度	先遲，日益疾三分。

校勘記

〔一〕丈二尺七寸三十二分　按日晷長度單位分應十進爲寸。查本卷上下文記陽城日晷長度亦無類此表述方式。經參校本書卷二八大衍曆有關數據，並比較本卷下文各氣間陽城日晷差值遞減情況，「三十二分」疑爲「三分十二」之訛。

〔二〕百一十四度三十六分　按小寒、大雪二日黃道去極度相同，而小寒（或大雪）、小暑（或芒種）二日黃道去極度之和爲百八十二度五十分。據此核算，小寒黃道去極度應爲「百一十四度四十六分」。

〔三〕五尺四寸五分七十　按春分、秋分二日陽城日晷應同。同表記春分陽城日晷爲「五尺四寸四分七十」，「五分」疑爲「四分」之誤。

〔四〕先疾日損遲八十四秒　按此處所述爲夕疾期間變行損益率，夕疾應與晨疾相對應，下文所載太白晨疾值爲「日益疾十九秒」，則夕疾值當爲「日益遲十九秒」。

唐書卷三十下

志第二十下

曆六下

昭宗時，宣明曆施行已久，數亦漸差，詔太子少詹事邊岡與司天少監胡秀林、均州司馬王墀改治新曆，然術一出於岡。岡用算巧，能馳騁反覆于乘除間。由是簡捷、超徑、等接之術興，而經制、遠大、衰序之法廢矣。雖籌策便易，然皆冥於本原。其上元七曜，起赤道虛四度。景福元年，曆成，賜名崇玄。氣朔、發斂、盈縮、朓朒、定朔弦望、九道月度、交會、入蝕限去交前後，皆大衍之舊。餘雖不同，亦殊塗而至者。大略謂：

策實曰歲實。揲法曰朔實。三元之策曰氣策。四象之策曰平會。一象之策曰弦策。掛限曰閏限。爻數曰紀法。策餘曰歲餘。天中之策曰候策。地中之策曰卦策。貞悔之策曰土王策。辰法，半辰法也。乾實曰周天分。盈縮、朓朒，皆用常氣。盈縮分曰升降。先後日盈縮。

凡升降、損益，皆進一等，倍象統乘之，除法而一，爲平行率。與後率相減，爲差。半之，以加減平行率，爲初、末率。倍差，進一等，以象統乘之，除法而一，爲日差。以加減初、末爲定。以日差累加減，爲每日分。凡小餘，皆萬乘之，通法除，爲約餘，則以萬爲法。又以百約之，爲大分，則以百爲法。

凡冬至赤道日度及約餘，以減其宿全度，乃累加次宿，皆爲距後積度。滿限九十一度三十一分三十七小分，去之。餘半已下，爲初；已上，以減限，爲末。皆百四十四乘之，退一等，以減千三百一十五。所得以乘初、末度分，爲差。又通初、末度分，與四千五百六十六先相減、後相乘，千六百九十除之，以減差，爲定差，再退爲分。至後以減、分後以加距後積度，爲黃道積度。宿次相減，即其度也。

以冬至赤道日度及約餘，依前求定差以減之，爲黃道日度。凡歲差，十一乘之，又以所求氣數乘之，三千八百八十八而一，以加前氣中積；又以盈縮分盈加、縮減之，命以冬至宿度，即其氣初加時宿度。

其定朔小餘，如日法四十分之二十九已上，以定朔小餘減日法，餘如晨初餘數已下，進一日。

岡又作徑術求黃道月度。以蔀率去積年，爲蔀周。不盡，爲蔀餘。以歲餘乘蔀餘，副之。二因蔀周，三十七除之，以減副。百一十九約蔀餘，以加副。滿周天去之。餘，四因之爲分，度母而一爲度，卽冬至加時平行月。

又以冬至約餘距午前後分，二百五十四乘之，萬約爲分，度母爲度〔一〕；午前以加、午後以減加時月，爲午中月。自此計日平行十三度十九分度之七。自冬至距定朔，累以平行減之，爲定朔午中月。求次朔及弦望，各計日以平行加之。其分以度母除，爲約分。

又四十七除蔀餘，爲率差。不盡，以乘七日三分半，副之。九因率差，退一等，爲分，以減副。又百約冬至加時距午分，午前加之，午後減之，滿轉周去之，卽冬至午中入轉。以冬至距朔日減之，卽定朔午中入轉。求次朔及弦望，計日加之。

各以所入日下損益率乘轉餘，百而一，以損益盈縮積，爲定差。以盈加、縮減午中月，爲定月。以月行定分乘其日晨昏距午分，萬約爲分，滿百爲度，以減午中定月，爲晨月；加之，爲昏月。

以朔昏月減上弦昏月，以上弦昏月減望昏月，以望晨月減下弦晨月，以下弦晨月減後朔晨月，各爲定程。以相距日均，爲平行度分。與次程相減，爲差。以加、減平行，爲初、末日定行。後少，加爲初，減爲末。後多，減爲初，加爲末。減相距日一，均差，爲日差。累損、益初日，爲每日定行。後多，累益之。後少，累減之。因朔弦望晨昏月，累加之，得每日晨昏月。

晷漏

各計其日中入二至加時已來日數及餘。如初限已下，爲後；已上，以減二至限，餘爲前，副之。各以乘數乘之，用減初、末差。所得再乘其副，滿百萬爲尺，不滿爲寸、爲分。夏至後，則退一等。皆命曰晷差。冬至前後，以減冬至中晷；夏至前後，以加夏至中晷：爲每日陽城中晷。與次日相減，後多曰息，後少曰消。以冬夏至午前、後約分乘之，萬而一，午前息減、消加，午後息加、消減中晷，爲定數也。凡冬至初日，有減無加。夏至初日，有加無減。

又計二至加時已來至其日昏後夜半日數及餘。冬至後爲息，夏至後爲消。如一象已下，爲初；已上，反減二至限，餘爲末。令自相乘，進二位，以消息法除爲分，副之。與五百分先相減，後相乘，千八百而一，以加副，爲消息數。以象積乘之，百約爲分，再退爲度。春分後，以加六十七度四十分，秋分後，以減百一十五度二十分，卽各其日黃道去極。與一象相減，則赤道內外也。以消息數，春分後加千七百五十二，秋分後以減二千七百四十八，卽各其日晷漏母也。以減五千，爲晨昏距午分。

置晷漏母，千四百六十一乘，而再半之。百約，爲距子度。以減半周天，餘爲距中度。百三十五乘晷漏母，百約爲分，得晨初餘數。凡晷漏，百爲刻。不滿，以象積乘之，百約爲分，得夜半定漏。

九服中晷，各於其地立表候之。在陽城北，冬至前候晷景與陽城冬至同者，爲差日之始；在陽城南，夏至前候晷景與陽城夏至同者，爲差日之始。自差日之始，至二至日，爲距差日數也。在至前者，計距前已來日數；至後者，計入至後已來日數。反減距差日，餘爲距後日準。求初、末限晷差，各冬至前後以加、夏至前後以減冬夏至陽城中晷，得其地其日中晷。若不足減，減去夏至陽城中晷，即其日南倒中晷也。自餘之日，各計冬夏至後所求日數。減去距冬夏至差日，餘準初、末限入之。又九服所在，各於其地置水漏，以定二至夜刻，爲漏率。以漏率乘每日晷漏母，各以陽城二至晷漏母除之，得其地每日晷漏母。

交會

以四百一乘朔望加時入交常日及約餘，三十除，爲度；不滿退除爲分，得定朔望入交定積度分。以減周天，命起朔望加時黃道日躔，即交所在宿次。

凡入交定積度，如半交已上〔三〕，爲在陽曆；已上，減去半交，餘爲入陰曆。以定朔望約餘乘轉分，萬約爲分，滿百爲度；以減入陰、陽曆積度，爲定朔望夜半所入。

如一象已下，爲在少象；已上者，反減半交，餘爲入老象。皆七十三乘之，退一等。用減千三百二十四，餘以乘老、少象度及餘，再退爲分，副之。在少象三十度已下，老象六十一度已上，皆與九十一度先相減、後相乘，五十六除，爲差。若少象三十度已上，反減九十一度，及老象六十度已下，皆自相乘，百五除，爲差。皆以減副，百約爲度，卽朔望夜半月去黃道度分。

凡定朔約餘距午前、後分，與五千先相減、後相乘，三萬除之；午前以減，午後倍之，以加約餘，爲日蝕定餘。定望約餘，卽爲月蝕定餘。晨初餘數已下者，皆四百乘之，以晨初餘數除之，所得以加定望約餘，爲或蝕小餘。各以象統乘之，萬約，爲半辰之數。餘滿二千四百爲刻。不盡退除，爲刻分，卽其辰刻日蝕有差。

置其朔距天正中氣積度，以減三百六十五度半，餘以千乘，滿三百六十五度半除爲分，曰限心。加二百五十分，爲限首。減二百五十分，爲限尾。滿若不足，加減一千，退蝕定餘一等。與限首、尾相近者，相減，餘爲限內外分。其蝕定餘多於限首、少於限尾者，爲外。少於限首、多於限尾者，爲內。在限內者，令限內分自乘，百七十九而一，以減六百三十，餘爲陰曆蝕差。限外者，置限外分與五百先相減、後相乘，四百四十六而一，爲陰曆蝕差。又限內分亦與五百先相減，後相乘，三百一十三半而一，爲陽曆蝕差。

在限內者，以陽曆蝕差加陰曆蝕差，爲既前法。以減千四百八十，餘爲既後法。在限外者，以六百一十分爲既前法，八百八十分爲既後法。其去交度分，在限外陰曆者，以陰曆差減之。不足減者，不蝕。又限外無陽曆。交在限內陰曆者，以陽曆蝕差加之。若在限內陽曆者，以去交度分反減陽曆蝕差。若不足反減者，不蝕。皆爲去交定分。如既前法已下者，爲既前分。已上者，以減千四百八十，餘爲既後分。皆進一位。各以既前、後法除，爲蝕分。在既後者，其虧復陰曆也。既前者，陽曆也。

凡朔望月行定分，日以九百乘，月以千乘，如千三百三十七而一，日以減千八百，月以減二千，餘爲汎用刻分。凡月蝕汎用刻，在陽曆以三十四乘，在陰曆以四十一乘，百約，爲月蝕既限。以減千四百八十，餘爲月蝕定法。其去交度分，如既限已下者，既。已上者，以減千四百八十，餘進一位，以定法約，爲蝕分。其蝕五分已下者，爲或食；已上爲的蝕。

凡日月食分，汎用刻乘之，千而一，爲定用刻。不盡，退除爲刻分。既者，以汎爲定。各以減蝕甚約餘，爲虧初。加之，爲復滿。凡蝕甚與晨昏分相近，如定用刻已下者，因相減，餘以乘蝕分，滿定用刻而一，所得以減蝕分，得帶蝕分。

五星變差曰歲差。陰陽進退差曰盈縮。爻算曰晝度。晝有十二，亦爻數也。推冬至後加時平合日算〔三〕，曰平合中積。副之，曰平合中星。歲差減中星，曰入曆。有餘者，皆約之。因平合以諸變常積日加中積，常積度加中星、入曆，各其變中積、中星、入曆也。

凡入曆盈限已下，爲盈。已上，去之，爲縮。各如晝度分而一，命晝數算外。不滿，以晝下損益乘之，晝度分除之，以損益盈縮積，爲定差。盈加、縮減中積，爲定積。準求所入氣及月日，加冬至大餘及約餘，爲其變大小餘。以命日辰，則變行所在也。亦以盈加、縮減中星，應用躔差。視定積如半交已下，爲在盈；已上，去之，爲在縮。所得，令半交度先相減、後相乘，三千四百三十五除，爲度。不盡退除爲分者，亦盈加、縮減之。

其變異術者，從其術，各爲定星。命起冬至黃道日躔，得其變行加時所在宿度也。凡辰星依曆變置算，乃視晨見、晨順在冬至後，夕見、夕順在夏至後計中積去二至九十一日半已下，令自乘。已上，以減百八十二日半，亦自乘。五百而一，爲日。以加晨夕見中積、中星，減晨夕順中積、中星，各爲應見不見中積、中星也。凡盈縮定差，熒惑晨見變六十一乘之、五十四除之，乃爲定差。太白、辰星再合，則半其差。其在夕見、晨疾二變，則盈減、縮加。凡歲、鎭、熒惑留退，皆用前遲入曆定差。又各視前遲定星，以變下減度減之。餘半交已下，爲盈；已上，去之，爲縮。又視之，七十三已下三因之，已上減半交，餘二因之，爲差。歲、鎮二星，退一等。熒惑，全用之。在後退，又倍其差。後留，三之。皆滿百爲度。以盈加、縮減中積，又以前遲定差盈加、縮減，乃爲留退定積。其前後退中星，則以差縮加、盈減，又以前遲定差盈加、縮減，乃爲退行定星。

凡諸變定星迭相減，爲日度率。熒惑遲日盈六十、度盈二十四者，所盈日度加疾變日度，爲定率。太白退日率，百乘之，二百一十二除之，爲留日。以減退日率，爲定率。辰星退順日率一等，爲留日。以減順日率，爲定率。以日均度，爲平行。又與後變平行相減，爲差。半之，視後多少，以加減平行，爲初、末日行分。以初日行分乘其變小餘，萬而一，順減、退加其變加時宿度，爲夜半宿度。又減日率一，均差，爲日差。視後多少，累損益初日，爲每日行分。因夜半宿度，累加減之，得每日所至。

五星差行，衰殺不倫，皆以諸變類會消息署之。

起二年頒用，至唐終。

景福崇玄曆演紀上元甲子，距景福元年壬子，歲積五千三百九十四萬七千三百八算外。

崇玄通法萬三千五百。

歲實四百九十三萬八百一。

氣策十五，餘二千九百五十，秒一。

朔實三十九萬八千六百六十三。

平會二十九，餘七千一百六十三。

望策十四，餘萬三百三十一半。

弦策七，餘五千一百六十五太。

朔虛分六千三百三十七。

中盈分五千九百，秒二。

歲餘七萬八百一。

閏限三十八萬六千四百二十五，秒二十三。

象位六。

象統二十四。

候策五，餘九百八十三，秒二十五；秒母七十二。

卦策六，餘千一百八十，秒一；秒母六十。

土王策三，餘五百九十，秒一；秒母百二十。

辰數五百六十二半。

刻法百三十五。

周天分四百九十三萬九百六十一，秒二十四。

歲差百六十，秒二十四。

周天三百六十五度，虛分三千四百六十一，秒二十四。

約虛分二千五百六十三，秒八十八。

除法七千三百五。

秒母一百。

二十四氣中積，自冬至，每氣以氣策及約餘累之。

氣節	升降差	盈縮分	損益數	朓朒積
冬至	升七千七百四十	盈初	益七百八十二	朒初
小寒	升六千六十九	盈七千七百四十	益六百一十三	朒七百八十二
大寒	升四千五百七十二	盈萬三千八百九	益四百六十二	朒千三百九十五
立春	升三千二百五十	盈萬八千三百八十一	益三百二十八	朒千八百五十七

雨水	升千九百七十七	盈二萬一千六百三十一	益二百	朒二千一百八十五
驚蟄	升六百六十	盈二萬三千六百八	益六十七	朒二千三百八十五
春分	降六百六十	盈二萬四千二百六十八	損六十七	朒二千四百五十二
清明	降千九百七十七	盈二萬三千六百八	損二百	朒二千三百八十五
穀雨	降三千二百五十	盈二萬一千六百三十一	損三百二十八	朒二千一百八十五
立夏	降四千五百七十二	盈萬八千三百八十一	損四百六十二	朒千八百五十七
小滿	降六千六十九	盈萬三千八百九	損六百一十三	朒千三百九十五
芒種	降七千七百四十	盈七千七百四十	損七百八十二	朒七百八十二
夏至	降七千七百四十	縮初	益七百八十二	朓初
小暑	降六千六十九	縮七千七百四十	益六百一十三	朓七百八十二
大暑	降四千五百七十二	縮萬三千八百九	益四百六十二	朓千三百九十五
立秋	降三千二百五十	縮萬八千三百八十一	益三百二十八	朓千八百五十七
處暑	降千九百七十七	縮二萬一千六百三十一	益二百	朓二千一百八十五

白露	降六百六十	縮二萬三千六百八	益六十七	朓二千三百八十五
秋分	升六百六十	縮二萬四千二百六十八	損六十七	朓二千四百五十二
寒露	升千九百七十七	縮二萬三千六百八	損二百	朓二千三百八十五
霜降	升三千二百五十	縮二萬一千六百三十一	損三百二十八	朓二千一百八十五
立冬	升四千五百七十二	縮萬八千三百八十一	損四百六十二	朓千八百五十七
小雪	升六千六十九	縮萬三千八百九	損六百十三	朓千三百九十五
大雪	升七千七百四十	縮七千七百四十	損七百八十二	朓七百八十二

轉周分三十七萬一千九百八十六，秒九十七。

轉終日二十七，餘七千四百八十六，秒九十七。

朔差日一，餘萬三千一百七十六，秒三。

度母一百。每日累轉分爲轉積度。

秒母一百。

轉終日	轉分 列差	損益率	朓朒積
一日	千二百七 進十六	益千三百一十九	朒初
二日	千二百二十三 進十七	益千一百五十	朒千三百一十九
三日	千二百四十 進十八	益九百七十八	朒二千四百六十九
四日	千二百五十八 進十八	益七百九十九	朒三千四百四十七
五日	千二百七十六 進十九	益六百一十七	朒四千二百四十六
六日	千二百九十五 進二十一	益四百三十一	朒四千八百六十三
七日	千三百一十六 進二十三	初益二百一十三 末損二十七	朒五千二百九十四
八日	千三百三十九 進二十六	損二百八十五	朒五千四百八十
九日	千三百六十五 進十八	損四百七十一	朒五千一百九十五
十日	千三百八十三 進十八	損六百五十	朒四千七百二十四
十一日	千四百一 進十九	損八百四十	朒四千七十四
十二日	千四百二十 進十七	損千一十七	朒三千二百三十四

十三日	千四百三十七進十六	損千一百八十五	朒二千二百一十七
十四日	千四百五十三進十一	初損千三十二 末益二百九十二(四)	朒千三十二
十五日	千四百六十四退十七	益千二百八十四	朓二百九十三
十六日	千四百四十七退十八	益千一百一十	朓千五百七十七
十七日	千四百二十九退十八	益九百四十一	朓二千六百八十七
十八日	千四百一十一退十八	益七百五十七	朓三千六百二十八
十九日	千三百九十三退十八	益五百七十八	朓四千三百八十五
二十日	千三百七十五退二十二	益三百八十六	朓四千九百六十三
二十一日	千三百五十三退二十五	初益百六十 末損八十	朓五千三百四十九
二十二日	千三百二十八退二十二	損三百二十四	朓五千四百二十九
二十三日	千三百六退十九	損五百一十六	朓五千一百五
二十四日	千二百八十七退十九	損六百九十七	朓四千五百八十九
二十五日	千二百六十八退十八	損八百七十九	朓三千八百九十二

二十六日	千二百五十退十七	損千五十三	朓三千一十三
二十七日	千二百三十三退十七	損千二百二十三	朓千九百六十
二十八日	千二百一十六退九	初損七百三十七 末益入後	朓七百三十七

七日：初數萬一千九百九十六太，末數千五百三〔五〕。

十四日：初數萬四百九十三半，末數三千六半。

二十一日：初數八千九百九十少，末數四千五百九太。

二十八日：初數七千四百八十七。

部率九千三十六。

歲餘六百三十九。

周天分千七百三十五。

周天三百六十五度五分。

度母十九。

月行定分同轉分。

平行積度，日累十三度七分。

入轉日	損益數	盈縮積度
一日	益百三十一	縮初空
二日	益百一十四	縮一度三十一分
三日	益九十七	縮二度四十五分
四日	益七十九	縮三度四十二分
五日	益六十一	縮四度二十一分
六日	益四十三	縮四度八十二分
七日	初益二十一 末損三	縮五度二十五分
八日	損二十八	縮五度四十三分
九日	損四十七	縮五度一十五分
十日	損六十五	縮四度六十八分
十一日	損八十三	縮四度三分

十二日	損百一	縮三度二十分
十三日	損百一十七	縮二度十九分
十四日	初損百二 末益二十九	縮一度二分
十五日	益百二十七	盈二十九分
十六日	益百一十	盈一度五十六分
十七日	益九十四	盈二度六十六分
十八日	益七十五	盈三度六十分
十九日	益五十七	盈四度三十五分
二十日	益三十八	盈四度九十二分
二十一日	初益十六 末損八	盈五度三十分
二十二日	損三十二	盈五度三十八分
二十三日	損五十一	盈五度六分
二十四日	損六十九	盈四度五十五分

二十五日	損八十七	盈三度八十六分
二十六日	損百四	盈二度九十九分
二十七日	損百二十一	盈一度九十五分
二十八日	初損七十四末盈入後	盈七十四分

轉周二十七日，五十五分半。

七日：初八十八分，小分八十七半；末十一分，小分十二半。

十四日：初七十七分太；末二十二分少。

二十一日：初六十六分，小分六十二半；末三十三分，小分三十七半。

二十八日：初五十五分半。

入轉日母一百。

二至限百八十二日，六十二分，小分二十二分半。

消息法千六百六十七半。

一象九十一度三千一百三十一分。

辰法八刻百六十分。

昏、明二刻二百四十分。

象積四百八十。

冬至前後限五十九日；差二千一百九十五分；乘數十五。

夏至前後限百二十三日六十二分，小分二十二半；差四千八百八十分；乘數四。

陽城冬至晷丈二尺七寸一分半。

夏至晷尺四寸七分，小分八十。

交終分三十六萬七千三百六十四，秒九千六百七十三。

交終日二十七，餘二千八百六十四，秒九千六百七十三；約餘二千一百二十二。

交中日十三，餘八千一百八十二，秒四千八百三十六半；約餘六千六十一。

朔差日二，餘四千二百九十八，秒三百二十七；約餘三千一百八十四。

望策日十四，餘萬三百三十一，秒五千；約餘七千六百五十三。

交限日十二，餘六千三十三，秒四千六百七十三；約餘四千四百六十九。

望差日一，餘二千一百四十九，秒百六十三半；約餘千五百九十二。

交率二百六十二。
交數三千三百五十。
交終三百六十三度七十三分，小分六十四。
轉終三百七十四度二十八分。
半交百八十一度八十六分，小分八十二。
一象九十度，九十三分，小分四十一。
去交度乘數十一，除數八千六百三十二。
秒母一萬。

歲星

終率五百三十八萬四千九百六十二，秒十一。
平合日三百九十八，餘萬一千九百六十二，秒十一；約餘八千八百六十一。
盈限二百五度。
盈晝十七度八分，秒三十三。
縮限百六十度二十五分，秒六十三太。

縮畫十三度三十五分，秒四十七。

歲差百三十三，秒九十二半。

畫數	損益	盈差積	損益	縮差積
初	益百九十	盈初	益九十	縮初
二	益百八十	盈一度九十	益百七十	縮九十
三	益百五十	盈三度七十	益二百一十	縮二度六十
四	益百四十	盈五度二十	益百六十	縮四度七十
五	益七十	盈六度六十	益八十	縮七度三十
六	益四十五	盈七度三十	益四十	縮七度十
七	損四十五	盈七度七十五	益十五	縮七度五十
八	損百四十五	盈七度三十	益十	縮七度六十五
九	損八十五	盈五度八十五	損十	縮七度七十五
十	損二百	盈五度	損二百六十五	縮七度六十五

十一	損百六十	盈三度	損二百六十	縮五度
十二	損百四十	盈一度四十	損二百四十	縮二度四十

熒惑

終率千五十二萬八千九百一十六，秒九十一。

平合日七百七十九，餘萬二千四百一十六，秒九十一；約餘九千一百九十八。

盈限百九十六度八十分。

盈晝十六度四十分。

縮限百六十八度四十五分，秒六十三太。

縮晝十四度三分，秒八十。

歲差百三十三，秒四十六。

晝數	損益	盈差積	損益	縮差積
初	益千二百一十	盈初	益三百九十六	縮初

二	益八百一十二	盈十二度十三	益四百四十一	縮三度九十六
三	益四百七十三	盈二十度二十五	益四百五十七	縮八度三十七
四	益二百二	盈二十四度九十八	益四百四十八	縮十二度九十四
五	損十六	盈二十七度	益四百五	縮十七度四十二
六	損二百一十四	盈二十六度八十四	益三百二十三	縮二十一度四十七
七	損三百二十三	盈二十四度七十	益二百一十四	縮二十四度七十
八	損四百五	盈二十一度四十七	益十六	縮二十六度八十四
九	損四百四十八	盈十七度四十二	損二百二	縮二十七度
十	損四百五十七	盈十二度九十四	損四百七十三	縮二十四度九十八
十一	損四百四十一	盈八度三十七	損八百一十二	縮二十度二十五
十二	損三百九十六	盈三度九十六	損千二百一十三	縮十二度十三

鎭星

終率五百一十萬四千八十四，秒五十四。

平合日三百七十八，餘千八十四，秒五十四；約餘八百三。

盈限百八十二度六十二分，秒六十三太。

盈晝十五度二十二分。

縮限百八十二度六十三分。

縮晝十五度二十二分。

歲差百三十二，秒九十四。

晝數	損益	盈差損	損益	縮差積
初	益百	盈初	益三百	縮初
二	益百三十	盈一度	益二百二十五	縮三度
三	益百七十	盈二度三十	益二百	縮五度二十五
四	益二百二十	盈四度	益五十	縮七度二十五
五	益百二十	盈六度二十	損三十五	縮七度七十五

六	益三十五	盈七度四十	損二十	縮七度四十
七	損三十五	盈七度七十五	損十五	縮七度二十
八	損百二十	盈七度四十	損五	縮七度五
九	損二百二十	盈六度二十	損百六十	縮七度
十	損百七十	盈四度	損百七十	縮五度四十
十一	損百三十	盈二度三十	損百八十	縮三度七十
十二	損百	盈一度	損百九十	縮一度九十

太白

終率七百八十八萬二千六百四十八，秒七十六。

平合日五百八十三，餘萬二千一百四十八，秒七十六；約餘八千九百九十九。

再合日二百九十一，餘萬二千八百二十四，秒三十八；約餘九千五百。

盈限百九十七度十六分。

盈畫十六度四十三分。

縮限百六十八度九分，秒六十三太。

縮畫十四度，秒八十。

歲差百三十四，秒三十六。

畫數	損益	盈差積	損益	縮差積
初	益百八十三	盈初	益六十四	縮初
二	益百五十	盈一度八十三	益百一十九	縮六十四
三	益百一十七	盈三度三十三	益百二	縮一度八十三
四	益八十三	盈四度五十	益百	縮二度八十五
五	益五十	盈五度三十三	益九十	縮三度八十五
六	益七十〔六〕	盈五度八十三	益七十三	縮四度七十五
七	損十七	盈六度	益四十五	縮五度四十八
八	損五十	盈五度八十三	益十五	縮五度九十三

九	損八十三	盈五度三十三	益五十一	縮六度八
十	損百一十七	盈四度五十	損百五	縮五度五十七
十一	損百五十	盈三度三十三	損百八十	縮四度五十二
十二	損百八十三	盈一度八十三	損二百七十二	縮二度七十二

辰星

終率百五十六萬四千三百七十八，秒九十七。

平合日百一十五，餘萬一千八百七十八，秒九十七；約餘八千八百。

再合日五十七，餘萬二千六百八十九，秒四十八半；約餘九千四百。

盈限百八十二度六十三分。

盈晝十五度二十二分。

縮限百八十二度六十二分，秒六十三太。

縮晝十五度二十一分，秒八十九。

歲差百三十三，秒六十四。

盡數	損益	盈差積	損益	縮差損
初	益九十二	盈初	益九十二	縮初
二	益七十五	盈九十二	益七十五	縮九十二
三	益五十八	盈一度六十七	益五十八	縮一度六十七
四	益四十一	盈二度二十五	益四十一	縮二度二十五
五	益二十五	盈二度六十六	益二十五	縮二度六十六
六	益九	盈二度九十一	益九	縮二度九十一
七	損九	盈三度	損九	縮三度
八	損二十五	盈二度九十一	損二十五	縮二度九十一
九	損四十一	盈二度六十六	損四十一	縮二度六十六
十	損五十八	盈二度二十五	損五十八	縮二度二十五
十一	損七十五	盈一度六十七	損七十五	縮一度六十七
十二	損九十二	盈九十二	損九十二	縮九十二

五星入變曆

星名	變目	常積日	常積度	加減
歲星	晨見	十七日五十分	三度五十分	用日躔差
	前疾	九十八日	十八度五十分	
	前遲	百三十一日五十分	二十二度五十分	
	前留	百五十八日		減六十五度
	前退	百九十九日七十五分	十六度七十五分	減七十一度
	後退	二百四十日	十一度	減八十二度五十分
	後留	二百六十七日五十分		減八十七度
	後遲	三百一日	十五度	
	後疾	三百八十一日三十八分	三十度十二分半	用日躔差
	夕合	三百九十八日八十七分	三十三度六十二分半	用日躔差

熒惑	晨見	七十二日	五十五度	用日躔差
	前疾	百九十三日	百三十五度	
	前次疾	二百八十七日	百九十二度五十分	
	前遲	三百四十七日	二百一十六度七十五分	
	前留	三百六十日		減百二十度
	前退	三百九十日	二百七度二十五分	減百二十五度五十分
	後退	四百二十日	百九十七度七十五分	減百三十度
	後留	四百三十三日		減百三十五度
	後遲	四百九十三日	二百二十二度	
	後次疾	五百八十七日	二百七十九度五十分	
	後疾	七百七日九十二分	三百五十九度六十二分	用日躔差
	夕合	七百七十九日九十二分	四百一十四度六十二分	用日躔差
鎮星	晨見	十九日	二度	用日躔差

	前疾	七十九日	八度	
	前遲	百三日	九度六十分	
	前留	百四十日		減百七十二度
	前退	百八十九日	六度四十二分	減百七十度
	後退	二百三十八日	三度二十四分	減百七十六度
	後留	二百七十五日		減百八十二度
	後遲	二百九十九日	四度八十四分	
	後疾	三百五十九日八分	十度八十三分	用日躔差
	夕合	三百七十八日八分	十二度八十三分	用日躔差
太白	夕見	四十二日	五十三度	用日躔差
	夕疾	百四十二日	百八十度五十分	
	夕次疾	二百一十九日	二百六十五度	
	夕遲	二百六十八日	三百一度五十分	

	夕留退	二百八十五日	二百九十六度	用日躔差
	再合	二百九十二日	二百九十二度	用日躔差
	晨見	二百九十九日	二百八十八度	用日躔差
	晨退留	三百一十六日	二百八十二度五十分	
	晨遲	三百六十五日	三百一十九度五十分	
	晨次疾	四百四十二日	四百三度五十分	
	晨疾	五百四十一日九十分	五百三十度九十分	用日躔差
	晨伏合	五百八十三日九十分	三百八十三度九十分	用日躔差
辰星	夕見	十七日	三十四度	用日躔差
	夕順留	四十七日	六十四度	用日躔差
	再合	五十八日	五十八度	用日躔差
	晨見	六十九日	五十二度	用日躔差
	晨留順	九十八日八十八分	八十一度八十八分	用日躔差

晨伏合	百一十五日八十八分	百一十五度八十八分	用日躔差

校勘記

〔一〕萬約爲分度母爲度　按文義，「分」下應有「滿」字。

〔二〕如半交已上　按中法入交度分，概以黃白降交點爲起點。據術，「上」當作「下」。

〔三〕推冬至後加時平合日算　按平合加時起自冬至加時，終於是年冬至後第一次平合，「後加時」應作「加時後」。

〔四〕末益二百九十二　「二」，合鈔卷四九作「三」。經核算，合鈔是。

〔五〕七日初數萬一千九百九十六太末數千五百三　按三乘通法，加轉終餘秒，四而一，得七日初數。以減通法，得末數。據此核算，初數無誤，則末數「千五百三」下應有「少」字。

〔六〕益七十　按六晝盈積加六晝益値，得七晝盈積。按此核算，「七十」應作「十七」。

唐書卷三十一

志第二十一

天文一

昔者，堯命羲、和，出納日月，考星中以正四時。至舜，則曰「在璿璣玉衡，以齊七政」而已。雖二典質略，存其大法，亦由古者天人之際，推候占測，爲術猶簡。至於後世，其法漸密者，必積衆人之智，然後能極其精微哉。蓋自三代以來詳矣。詩人所記，婚禮、土功，必候天星。而春秋書日食、星變，傳載諸國所占次舍、伏見、逆順。至於周禮測景求中、分星辨國、妖祥察候，皆可推考，而獨無所謂璿璣玉衡者，豈其不用於三代耶？抑其法制遂亡，而不可復得耶？不然，二物者，莫知其爲何器也。至漢以後，表測景晷，以正地中，分列境界，上當星次，皆略依古。而又作儀以候天地，而渾天、周髀、宣夜之說，至於星經、曆法，皆出於數術之學。唐興，太史李淳風、浮圖一行，尤稱精博，後世未能過也。故採其要說，以著于篇。至於天象變見所以譴告人君者，皆有司所宜謹記也。

貞觀初，淳風上言：「舜在璿璣玉衡，以齊七政，則渾天儀也。周禮，土圭正日景以求地中，有以見日行黃道之驗也。暨于周末，此器乃亡。漢落下閎作渾儀，其後賈逵、張衡等亦各有之，而推驗七曜，並循赤道。按冬至極南，夏至極北，而赤道常定於中，國無南北之異。蓋渾儀無黃道久矣。」太宗異其說，因詔爲之。至七年儀成。表裏三重，下據準基，狀如十字，末樹鼇足，以張四表。一曰六合儀，有天經雙規、金渾緯規、金常規，相結於四極之內。列二十八宿、十日、十二辰、經緯三百六十五度。二曰三辰儀，圓徑八尺，有璿璣規、月遊規，列宿距度，七曜所行，轉於六合之內。三曰四游儀，玄樞爲軸，以連結玉衡游筩而貫約矩規。又玄極北樹北辰，南矩地軸，傍轉於內。玉衡在玄樞之間，而南北游，仰以觀天之辰宿，下以識器之晷度。皆用銅。帝稱善，置於凝暉閣，用之測候。閣在禁中，其後遂亡。

開元九年，一行受詔，改治新曆，欲知黃道進退，而太史無黃道儀，率府兵曹參軍梁令瓚以木爲游儀，一行是之，乃奏：「黃道游儀，古有其術而無其器，昔人潛思，皆未能得。今令瓚所爲，日道月交，皆自然契合，於推步尤要，請更鑄以銅鐵。」十一年儀成。一行又曰：「靈臺鐵儀，後魏斛蘭所作，規制朴略，度刻不均，赤道不動，乃如膠柱。以考月行，遲速多差，多或至十七度，少不減十度，不足以稽天象、授人時。李淳風黃道儀，以玉衡旋規，別帶日道，傍列二百四十九交，以攜月游，法頗難，術遂寢廢。臣更造游儀，使黃道運行，以追列舍之變，因二分之中，以立黃道，交於奎、軫之間，二至陟降，各二十四度。黃道內施白道月環，用究陰陽朓朒，動合天運。簡而易從，可以制器垂象，永傳不朽。」於是玄宗嘉之，自爲之銘。

又詔一行與令瓚等更鑄渾天銅儀，圓天之象，具列宿赤道及周天度數。注水激輪，令其自轉，一晝夜而天運周。外絡二輪，綴以日月，令得運行。每天西旋一周，日東行一度，月行十三度十九分度之七，二十九轉有餘而日月會，三百六十五轉而日周天。以木櫃爲地平，令儀半在地下，晦明朔望遲速有準。立木人二於地平上：其一前置鼓以候刻，至一刻則自擊之；其一前置鐘以候辰，至一辰亦自撞之。皆於櫃中各施輪軸，鉤鍵關鏁，交錯相持。置於武成殿前，以示百官。無幾而銅鐵漸澀，不能自轉，遂藏於集賢院。

其黃道游儀，以古尺四分爲度。旋樞雙環，其表一丈四尺六寸一分，縱八分，厚三分，直徑四尺五寸九分，古所謂旋儀也。南北科兩極〔二〕，上下循規各三十四度。表裏畫周天度，其一面加之銀釘。使東西運轉，如渾天游旋。中旋樞軸，至兩極首內，孔徑大兩度半，長與旋環徑齊。玉衡望筩，長四尺五寸八分，廣一寸二分，厚一寸，孔徑六分。衡旋於軸中，旋運持正，用窺七曜及列星之闊狹。外方內圓，孔徑一度半，周日輪也。陽經雙環，表一丈七尺三寸，裏一丈四尺六寸四分，廣四寸，厚四分，直徑五尺四寸四分，置於子午。左右用八柱，八柱相固。亦表裏畫周天度，其一面加之銀釘。半出地上，半入地下。雙間挾樞軸及玉衡望筩〔三〕，旋環於中也。陰緯單環，外內廣厚周徑，皆準陽經，與陽經相銜各半，內外俱齊。面平，上爲天，下爲地。橫周陽環，謂之陰渾也。平上爲兩界，內外爲周天百刻。天頂單環，表一丈七尺三寸，縱廣八分，厚三分，直徑五尺四寸四分。直中國人頂之上，東西當卯酉之中，稍南使見日出入。令與陽經、陰緯相固，如鳥殼之裏黃。南去赤道三十六度，去黃道十二度，去北極五十五度，去南北平各九十一度強。赤道單環，表一丈四尺五寸九分，橫八分，厚三分，直徑四尺五寸八分。赤道者，當天之中，二十八宿之位也。雙規運動，度穿一穴。古者，秋分日在角五度，今在軫十三度；冬至日在牽牛初，今在斗十度。隨穴退交，不復差繆。傍在卯酉之南，上去天頂三十六度，而橫置之。黃道單環，表一丈五尺四寸一分，橫八分，厚四分，直徑四尺八寸四分。日之所行，故名黃道。太陽陟降，積歲有差。月及五星，亦隨日度出入。古無其器，規制不知準的，斟酌爲率，疏闊尤甚。今設此環，置於赤道環內，仍開合使運轉，出入四十八度，而極晝兩方，東西列周天度數，南北列百刻，可使見日知時。上列三百六十策，與用卦相準。度穿一穴，與赤道相交。白道月環，表一丈五尺一寸五分，橫八分，厚三分，直徑四尺七寸六分。月行有迂曲遲速，與日行緩急相及〔三〕。古亦無其器，今設於黃道環內，使就黃道爲交合，出入六度，以測每夜月離。上畫周天度數，度穿一穴，擬移交會。皆用鋼鐵〔四〕。游儀，四柱爲龍，其崇四尺七寸，水槽及山崇一尺七寸半，槽長六尺九寸，高廣皆四寸，池深一寸，廣一寸半。龍能興雲雨，故以飾柱。柱在四維。龍下有山雲，俱在水平槽上。皆用銅。

其所測宿度與古異者：舊經，角距星去極九十一度，亢八十九度，氐九十四度，房百八度，心百八度，尾百二十度，箕百一十八度，南斗百一十六度，牽牛百六度，須女百度，虛百四度，危九十七度，營室八十五度，東壁八十六度，奎七十六度，婁八十度，胃、昴七十四度，畢七十八度，觜觿八十四度，參九十四度，東井七十度，輿鬼六十八度，柳七十七度，七星九十一度，張九十七度，翼九十七度，軫九十八度。今測，角九十三度半，亢九十一度半，氐九十八度，房百一十度半，心百一十度，尾百二十四度，箕百二十度，南斗百一十九度，牽牛百四度，須女百一度，虛百一度，危九十七度，營室八十三度，東壁八十四度，奎七十三度，婁七十七度，胃、昴七十二度，畢七十六度，觜觿八十二度，參九十三度，東井六十八度，輿鬼六十八度，柳八十度半，七星九十三度半，張百度，翼百三度，軫百度。

又舊經，角距星正當赤道，黃道在其南；今測，角在赤道南二度半，則黃道復經角中，與天象合。虛北星舊圖入虛，今測在須女九度。危北星舊圖入危，今測在虛六度半。又奎誤距以西大星，故壁損二度，奎增二度；今復距西南大星，卽奎、壁各得本度。畢，赤道十六度，黃道亦十六度。觜觿，赤道二度，黃道三度。二宿俱當黃道斜虛，畢尙與赤道度同，觜觿總二度，黃道損加一度，蓋其誤也。今測畢十七度半，觜觿半度。又柳誤距以第四星，今復用第三星。張中央四星爲朱鳥嗉，外二星爲翼，比距以翼而不距以膺，故張增二度半，七星減二度半；今復以膺爲距，則七星、張各得本度。

其他星：舊經，文昌二星在輿鬼，四星在東井。北斗樞在七星一度，琁在張二度，機在翼二度，權在翼八度，衡在軫八度，開陽在角七度，杓在亢四度。天關在黃道南四度，天尊、天椁在黃道北，天江、天高、狗國、外屏、雲雨、虛梁在黃道外，天囷、土公吏在赤道外，上台在東井，中台在七星，建星在黃道北半度，天苑在昴、畢，王良在壁外，屏在觜觿〔三〕，雷電在赤道外五度，霹靂在赤道外四度，八魁在營室，長垣、羅堰當黃道。今測，文昌四星在柳，一星在輿鬼，一星在東井。北斗樞在張十三度，琁在張十二度半，機在翼十三度，權在翼十七度太，衡在軫十度半，開陽在角四度少，杓在角十二度少。天關、天尊、天椁、天江、天高、狗國、外屏，皆當黃道。雲雨在黃道內七度，虛梁在黃道內四度，天囷當赤道，土公吏在赤道內六度，上台在柳，中台在張，建星在黃道北四度半，天苑在胃、昴，王良四星在奎，一星在壁，外屏在畢〔六〕，雷電在赤道內二度，霹靂四星在赤道內，一星在外，八魁五星在壁，四星在營室，長垣在黃道北五度，羅堰在黃道北。

黃道，春分與赤道交於奎五度太；秋分交於軫十四度少；冬至在斗十度，去赤道南二十四度；夏至在井十三度少，去赤道北二十四度。其赤道帶天之中，以分列宿之度。黃道斜運，以明日月之行。乃立八節、九限，校二道差數，著之曆經。

蓋天之說，李淳風以爲天地中高而四隤，日月相隱蔽，以爲晝夜。繞北極常見者謂之上規，南極常隱者謂之下規，赤道橫絡者謂之中規。及一行考月行出入黃道，爲圖三十六，究九道之增損，而蓋天之狀見矣。

削篾爲度，徑一分，其厚半之，長與圖等，穴其正中，植鍼爲樞，令可環運。自中樞之外，均刻百四十七度。全度之末，旋爲外規。規外太半度，再旋爲重規。以均賦周天度分。又距極樞九十一度少半，旋爲赤道帶天之紘。距極三十五度旋爲內規。

乃步冬至日躔所在，以正辰次之中，以立宿距。按渾儀所測，甘、石、巫咸衆星明者，皆以篾，橫考入宿距，縱考去極度，而後圖之。其赤道外衆星疏密之狀，與仰視小殊者，由渾儀去南極漸近，其度益狹；而蓋圖漸遠，其度益廣使然。若考其去極入宿度數，移之於渾天則一也。又赤道內外，其廣狹不均，若就二至出入赤道二十四度，以規度之，則二分所交不得其正；自二分黃赤道交，以規度之，則二至距極度數不得其正；當求赤道分至之中，均刻爲七十二限，據每黃道差數，以篾度量而識之，然後規爲黃道，則周天咸得其正矣。又考黃道二分二至之中，均刻爲七十二候，定陰陽曆二交所在，依月去黃道度，率差一候，亦以篾度量而識之，然後規爲月道，則周天咸得其正矣。

中晷之法。初，淳風造曆，定二十四氣中晷，與祖沖之短長頗異，然未知其孰是。及一行作大衍曆，詔太史測天下之晷，求其土中，以爲定數。其議曰：

周禮大司徒：「以土圭之法測土深。日至之景，尺有五寸，謂之地中。」鄭氏以爲「日景於地，千里而差一寸。尺有五寸者，南戴日下萬五千里，地與星辰四游升降於三萬里內，是以半之，得地中，今潁川陽城是也」。宋元嘉中，南征林邑，五月立表望之，日在表北，交州影在表南三寸，林邑九寸一分。交州去洛，水陸之路九千里，蓋山川回折使之然，以表考其弦當五千乎。開元十二年，測交州，夏至，在表南三寸三分，與元嘉所測略同。使者大相元太言：「交州望極，纔高二十餘度。八月海中望老人星下列星粲然，明大者甚衆，古所未識，迺渾天家以爲常沒地中者也。大率去南極二十度已上之星則見。」又鐵勒、回紇在薛延陀之北，去京師六千九百里，其北又有骨利幹，居瀚海之北，北距大海，晝長而夜短，既夜，天如曛不暝，夕胹羊髀纔熟而曙，蓋近日出沒之所。太史監南宮說擇河南平地，設水準繩墨植表而以引度之，自滑臺始白馬，夏至之晷，尺五寸七分。又南百九十八里百七十九步，得浚儀岳臺，晷尺五寸三分。又南百六十七里二百八十一步，得扶溝，晷尺四寸四分。又南百六十里百一十步，至上蔡武津，晷尺三寸六分半。大率五百二十六里二百七十步，晷差二寸餘。而舊說，王畿千里，影差一寸，妄矣。

今以句股校陽城中晷，夏至尺四寸七分八氂，冬至丈二尺七寸一分半，定春秋分五尺四寸三分，以覆矩斜視，極出地三十四度十分度之四〔七〕。自滑臺表視之，極高三十五度三分，冬至丈三尺，定春秋分五尺五寸六分。自浚儀表視之，極高三十四度八分，冬至丈二尺八寸五分，定春秋分五尺五寸。自扶溝表視之，極高三十四度三分，冬至丈二尺五寸五分，定春秋分五尺三寸七分。上蔡武津表視之，極高三十三度八分，冬至丈二尺三寸八分，定春秋分五尺二寸八分。其北極去地，雖秒分微有盈縮，難以目校，大率三百五十一里八十步，而極差一度。極之遠近異，則黃道軌景固隨而變矣。

自此爲率推之，比歲武陵晷，夏至七寸七分，冬至丈五寸三分，春秋分四尺三寸七分半，以圖測之，定氣四尺四寸七分，按圖斜視，極高二十九度半，差陽城五度三分。蔚州橫野軍夏至二尺二寸九分，冬至丈五尺八寸九分，春秋分六尺四寸四分半，以圖測之，定氣六尺六寸二分半。按圖斜視，極高四十度，差陽城五度三分。凡南北之差十度半，其徑三千六百八十八里九十步。自陽城至武陵，千八百二十六里七十六步，自陽城至橫野，千八百六十一里二百十四步。夏至晷差尺五寸三分，自陽城至武陵，差七寸三分，自陽城至橫野，差八寸。冬至晷差五尺三寸六分，自陽城至武陵差二尺一寸八分，自陽城至橫野，差三尺一寸八分。率夏至與南方差少，冬至與北方差多。

又以圖校安南，日在天頂北二度四分，極高二十度四分。冬至晷七尺九寸四分，定春秋分二尺九寸三分，夏至在表南三寸三分，差陽城十四度三分，其徑五千二十三里。至林邑，日在天頂北六度六分強，極高十七度四分，周圓三十五度，常見不隱。冬至晷六尺九寸，定春秋分二尺八寸五分，夏至在表南五寸七分，其徑六千一百一十二里。若令距陽城而北，至鐵勒之地，亦差十七度四分，與林邑正等，則五月日在天頂南二十七度四分，極高五十二度，周圓百四度，常見不隱。北至晷四尺一寸三分，南至晷二丈九尺二寸六分，定春秋分晷五尺八寸七分〔六〕。其沒地纔十五餘度，夕沒亥西，晨出丑東，校其里數，已在回紇之北，又南距洛陽九千八百一十五里，則極長之晝，其夕常明。然則骨利幹猶在其南矣。吳中常侍王蕃，考先儒所傳，以戴日下萬五千里爲句股，斜射陽城，考周徑之率以揆天度，當千四百六里二十四步有餘。今測日晷，距陽城五千里已在戴日之南，則一度之廣皆三分減二，南北極相去八萬里，其徑五萬里。宇宙之廣，豈若是乎？然則蕃之術，以蠡測海者也。

古人所以恃句股術，謂其有證於近事。顧未知目視不能及遠，遠則微差，其差不已，遂與術錯。譬游於大湖，廣袤不盈百里，見日月朝夕出入湖中；及其浮于巨海，不知幾千萬里，猶見日月朝夕出入其中矣。若於朝夕之際，俱設重差而望之，必將大小同術，無以分矣。橫既有之，縱亦宜然。

又若樹兩表，南北相距十里，其崇皆數十里，置大炬於南表之端，而植八尺之木於其下，則當無影。試從南表之下，仰望北表之端，必將積微分之差，漸與南表參合。表首參合，則置炬於其上，亦當無影矣。又置大炬於北表之端，而植八尺之木於其下，則當無影。試從北表之下，仰望南表之端，又將積微分之差，漸與北表參合。表首參合，則置炬於其上，亦當無影矣。復於二表間更植八尺之木，仰而望之，則表首環屈相合。若置火炬於兩表之端，皆當無影矣。夫數十里之高與十里之廣，然猶斜射之影與仰望不殊。今欲憑晷差以推遠近高下，尙不可知，而況稽周天里步於不測之中，又可必乎？十三年，南至，岱宗禮畢，自上傳呼萬歲，聲聞於下，時山下夜漏未盡，自日觀東望，日已漸高。據曆法，晨初迨日出差二刻半，然則山上所差凡三刻餘。其冬至夜刻同立春之後，春分夜刻同立夏之後。自岳趾升泰壇僅二十里，而晝夜之差一節。設使因二十里之崇以立句股術，固不知其所以然，況八尺之表乎！

原古人所以步圭影之意，將以節宣和氣，輔相物宜，不在於辰次之周徑。其所以重曆數之意，將欲恭授人時，欽若乾象，不在於渾、蓋之是非。若乃述無稽之法於視聽之所不及，則君子當闕疑而不議也。而或者各封所傳之器以術天體，謂渾元可任數而測，大象可運算而闚。終以六家之說，迭爲矛楯，誠以爲蓋天邪，則南方之度漸狹；果以爲渾天邪，則北方之極寖高。此二者，又渾、蓋之家盡智畢議，未能有以通其說也。則王仲任、葛稚川之徒，區區於異同之辨，何益人倫之化哉。凡晷差，冬夏不同，南北亦異，先儒一以里數齊之，遂失其實。今更爲覆矩圖，南自丹穴，北暨幽都，每極移一度，輒累其差，可以稽日食之多少，定晝夜之長短，而天下之晷，皆協其數矣。

昭宗時，太子少詹事邊岡，脩曆術，服其精粹，以爲不刊之數也。

初，貞觀中，淳風撰法象志，因漢書十二次度數，始以唐之州縣配焉。而一行以爲，天下山河之象存乎兩戒。北戒，自三危、積石，負終南地絡之陰，東及太華，逾河，並雷首、底柱、王屋、太行，北抵常山之右，乃東循塞垣，至濊貊、朝鮮，是謂北紀，所以限戎狄也。南戒，自岷山、嶓冢，負地絡之陽，東及太華，連商山、熊耳、外方、桐柏，自上洛南逾江、漢，攜武當、荆山，至于衡陽，乃東循嶺徼，達東甌、閩中，是謂南紀，所以限蠻夷也。故星傳謂北戒爲「胡門」，南戒爲「越門」。

河源自北紀之首，循雍州北徼，達華陰，而與地絡相會，並行而東，至太行之曲，分而東流，與涇、渭、濟瀆相爲表裏，謂之「北河」。江源自南紀之首，循梁州南徼，達華陽，而與地絡相會，並行而東，及荆山之陽，分而東流，與漢水、淮瀆相爲表裏，謂之「南河」。

故於天象，則弘農分陜爲兩河之會，五服諸侯在焉。自陜而西爲秦、涼，北紀山河之曲爲晉、代，南紀山河之曲爲巴、蜀，皆負險用武之國也。自陜而東，三川、中岳爲成周；西距外方、大伾，北至于濟，南至于淮，東達鉅野，爲宋、鄭、陳、蔡；河內及濟水之陽爲鄁、衞；漢東濱淮水之陰爲申、隨。皆四戰用文之國也。北紀之東，至北河之北，爲邢、趙。南紀之東，至南河之南，爲荆、楚。自北河下流，南距岱山爲三齊，夾右碣石爲北燕。自南河下流，北距岱山爲鄒、魯，南涉江、淮爲吳、越。皆負海之國，貨殖之所阜也。自河源循塞垣北，東及海，爲戎狄。自江源循嶺徼南，東及海，爲蠻越。觀兩河之象，與雲漢之所始終，而分野可知矣。

於易，五月一陰生，而雲漢潛萌于天稷之下，進及井、鉞間，得坤維之氣，陰始達於地上，而雲漢上升，始交於列宿，七緯之氣通矣。東井據百川上流，故鶉首爲秦、蜀墟，得兩戒山河之首。雲漢達坤維右而漸升，始居列宿上，觜觿、參、伐皆直天關表而在河陰，故實沈下流得大梁，距河稍遠，涉陰亦深。故其分野，自漳濱却負恆山，居北紀衆山之東南，外接髦頭地，皆河外陰國也。十月陰氣進踰乾維，始上達于天，雲漢至營室、東壁間，升氣悉究，與內規相接。故自南正達於西正，得雲漢升氣，爲山河上流；自北正達于東正，得雲漢降氣，爲山河下流。陬訾在雲漢升降中，居水行正位，故其分野當中州河、濟間。且王良、閣道由紫垣絕漢抵營室，上帝離宮也，內接成周、河內，皆豕韋分。十一月一陽生，而雲漢漸降，退及艮維，始下接于地，至斗、建間，復與列舍氣通，於易，天地始交，泰象也。踰析木津，陰氣益降，進及大辰，升陽之氣究，而雲漢沈潛於東正之中，故易，雷出地曰豫，龍出泉爲解，皆房、心象也。星紀得雲漢下流，百川歸焉，析木爲雲漢末派，山河極焉。故其分野，自南河下流，窮南紀之曲，東南負海，爲星紀；自北河末派，窮北紀之曲，東北負海，爲析木。負海者，以其雲漢之陰也。唯陬訾內接紫宮，在王畿河、濟間。降婁、玄枵與山河首尾相遠，隣顓頊之墟，故爲中州負海之國也。其地當南河之北、北河之南，界以岱宗，至于東海。自鶉首踰河，戒東曰鶉火，得重離正位，軒轅之祇在焉。其分野，自河、華之交，東接祝融之墟，北負河，南及漢，蓋寒燠之所均也。自析木紀天漢而南，曰大火，得明堂升氣，天市之都在焉。其分野，自鉅野岱宗，西至陳留，北負河、濟，南及淮，皆和氣之所布也。陽氣自明堂漸升，達于龍角，曰壽星。龍角謂之天關，於易，氣以陽決陰，夬象也。升陽進踰天關，得純乾之位，故鶉尾直建巳之月，內列太微，爲天廷。其分野，自南河以負海，亦純陽地也。壽星在天關內，故其分野，在商、亳西南，淮水之陰，北連太室之東，自陽城際之，亦巽維地也。

夫雲漢自坤抵艮爲地紀，北斗自乾攜巽爲天綱，其分野與帝車相直，皆五帝墟也。究咸池之政而在乾維內者，降婁也，故爲少昊之墟。叶北宮之政而在乾維外者，陬訾也，故爲顓頊之墟。成攝提之政而在巽維內者，壽星也，故爲太昊之墟。布太微之政，而在巽維外者，鶉尾也，故爲列山氏之墟。得四海中承太階之政者，軒轅也，故爲有熊氏之墟。木、金得天地之微氣，其神治於季月；水、火得天地之章氣，其神治於孟月。故章道存乎至，微道存乎終，皆陰陽變化之際也。若微者沈潛而不及，章者高明而過亢，皆非上帝之居也。

斗杓謂之外廷，陽精之所布也。斗魁謂之會府，陽精之所復也。杓以治外，故鶉尾爲南方負海之國。魁以治內，故陬訾爲中州四戰之國。其餘列舍，在雲漢之陰者八，爲負海之國。在雲漢之陽者四，爲四戰之國。降婁、玄枵以負東海，其神主於岱宗，歲星位焉。星紀、鶉尾以負南海，其神主於衡山，熒惑位焉。鶉首、實沈以負西海，其神主於華山，太白位焉。大梁、析木以負北海，其神主於恆山，辰星位焉。鶉火、大火、壽星、豕韋爲中州，其神主於嵩丘，鎭星位焉。

近代諸儒言星土者，或以州，或以國。虞、夏、秦、漢，郡國廢置不同。周之興也，王畿千里。及其衰也，僅得河南七縣。今又天下一統，而直以鶉火爲周分，則疆埸舛矣。七國之初，天下地形雌韓而雄魏，魏地西距高陵，盡河東、河內，北固漳、鄴，東分梁、宋，至於汝南，韓據全鄭之地，南盡潁川、南陽，西達虢略，距函谷，固宜陽，北連上地，皆綿亙數州，相錯如繡。考雲漢山河之象，多者或至十餘宿。其後魏徙大梁，則西河合於東井；秦拔宜陽，而上黨入於輿鬼。方戰國未滅時，星家之言，屢有明效。今則同在畿甸之中矣。而或者猶據漢書地理志推之，是守甘、石遺術，而不知變通之數也。

又古之辰次與節氣相係，各據當時曆數，與歲差遷徙不同。今更以七宿之中分四象中位，自上元之首，以度數紀之，而著其分野，其州縣雖改隸不同，但據山河以分爾。

須女、虛、危，玄枵也。初，須女五度，餘二千三百七十四，秒四少。中，虛九度。終，危十二度。其分野，自濟北東踰濟水，涉平陰，至于山茌，循岱岳衆山之陰，東南及高密，又東盡萊夷之地，得漢北海、千乘、淄川、濟南、齊郡及平原、渤海、九河故道之南，濱于碣石。古齊、紀、祝、淳于、萊、譚、寒及斟尋、有過、有鬲、蒲姑氏之國，其地得陬訾之下流，自濟東達于河外，故其象著爲天津，絕雲漢之陽。凡司人之星與羣臣之錄，皆主虛、危，故岱宗爲十二諸侯受命府。又下流得婺女，當九河末派，比于星紀，與吳、越同占。

營室、東壁，陬訾也。初，危十三度，餘二千九百二十六，秒一太。中，營室十二度。終，奎一度。自王屋、太行而東，得漢河內，至北紀之東隅，北負漳、鄴，東及館陶、聊城。又自河、濟之交，涉滎波，濱濟水而東，得東郡之地，古邶、鄘、衞、凡、胙、邘、雍、共、微、觀、南燕、昆吾、豕韋之國。自閣道、王良至東壁，在豕韋，爲上流。當河內及漳、鄴之南，得山河之會，爲離宮。又循河、濟而東接玄枵爲營室之分。

奎、婁，降婁也。初，奎二度，餘千二百一十七，秒十七少。中，婁一度。終，胃三度。自蛇丘、肥成，南屆鉅野，東達梁父，循岱岳衆山之陽，以負東海。又濱泗水，經方與、沛、留、彭城，東至于呂梁，乃東南抵淮，並淮水而東，盡徐夷之地，得漢東平、魯國、琅邪、東海、泗水、城陽，古魯、薛、邾、莒、小邾、徐、郯、鄫、鄅、邳、邿、任、宿、須句、顓臾、牟、遂、鑄夷、介、根牟及大庭氏之國。奎爲大澤，在陬訾下流，當鉅野之東陽，至于淮、泗。婁、胃之墟，東北負山，蓋中國膏腴地，百穀之所阜也。胃得馬牧之氣，與冀之北土同占。

胃、昴、畢，大梁也。初，胃四度，餘二千五百四十九，秒八太。中，昴六度。終，畢九度。自魏郡濁漳之北，得漢趙國、廣平、鉅鹿、常山，東及淸河、信都，北據中山、眞定，全趙之分。又北逾衆山，盡代郡、鴈門、雲中、定襄之地與北方羣狄之國。北紀之東陽，表裏山河，以蕃屛中國，爲畢分。循北河之表，西盡塞垣，皆髦頭故地，爲昴分。冀之北土，馬牧之所蕃庶，故天苑之象存焉。

觜觿、參、伐，實沈也。初，畢十度，餘八百四十一，秒四之一。中，參七度。終，東井十一度。自漢之河東及上黨、太原，盡西河之地，古晉、魏、虞、唐、耿、楊、霍、冀、黎、郇與西河戎狄之國。西河之濱，所以設險限秦、晉，故其地上應天闕。其南曲之陰，在晉地，衆山之陽；南曲之陽，在秦地，衆山之陰。陰陽之氣幷，故與東井通。河東永樂、芮城、河北縣及河曲豐、勝、夏州，皆東井之分。參、伐爲戎索，爲武政，當河東，盡大夏之墟。上黨次居下流，與趙、魏接，爲觜觿之分。

東井、輿鬼，鶉首也。初，東井十二度，餘二千一百七十二，秒十五太。中，東井二十七度。終，柳六度。自漢三輔及北地、上郡、安定，西自隴坻至河右，西南盡巴、蜀、漢中之地，及西南夷犍爲、越巂、益州郡，極南河之表，東至牂柯，古秦、梁、豳、芮、豐、畢、駘杠、有扈、密須、庸、蜀、羌、髳之國。東井居兩河之陰，自山河上流，當地絡之西北。輿鬼居兩河之陽，自漢中東盡華陽，與鶉火相接，當地絡之東南。鶉首之外，雲漢潛流而未達，故狼星在江、河上源之西，弧矢、犬、雞皆徼外之備也。西羌、吐蕃、吐谷渾及西南徼外夷人，皆占狼星。

柳、七星、張，鶉火也。初，柳七度，餘四百六十四，秒七少。中，七星七度。終，張十四度。北自滎澤、滎陽，並京、索，暨山南，得新鄭、密縣，至外方東隅，斜至方城，抵桐柏，北自宛、葉，南暨漢東，盡漢南陽之地。又自雒邑負北河之南，西及函谷，逾南紀，達武當、漢水之陰，盡弘農郡，以淮源、桐柏、東陽爲限，而申州屬壽星，古成周、虢、鄭、管、鄶、東虢、密、滑、焦、唐、隨、申、鄧及祝融氏之都。新鄭爲軒轅、祝融之墟，其東鄙則入壽星。柳，在輿鬼東，又接漢源，當商、洛之陽，接南河上流。七星係軒轅，得土行正位，中岳象也，河南之分。張，直南陽、漢東，與鶉尾同占。

翼、軫，鶉尾也。初，張十五度，餘千七百九十五，秒二十二太。中，翼十二度。終，軫九度。自房陵、白帝而東，盡漢之南郡、江夏，東達廬江南部，濱彭蠡之西，得長沙、武陵，又逾南紀，盡鬱林、合浦之地，自沅、湘上流，西達黔安之左，皆全楚之分。自富、昭、象、龔、繡、容、白、廉州已西，亦鶉尾之墟。古荆、楚、郢、鄀、羅、權、巴、夔與南方蠻貊之國。翼與咮張同象，當南河之北，軫在天關之外，當南河之南，其中一星主長沙，逾嶺徼而南，爲東甌、青丘之分。安南諸州在雲漢上源之東陽，宜屬鶉火。而柳、七星、張皆當中州，不得連負海之地，故麗于鶉尾。

角、亢，壽星也。初，軫十度，餘八十七，杪十四少。中，角八度。終，氐一度。自原武、管城，濱河、濟之南，東至封丘、陳留，盡陳、蔡、汝南之地，逾淮源至于弋陽，西涉南陽郡至于桐柏，又東北抵嵩之東陽，中國地絡在南北河之間，首自西傾，極于陪尾，故隨、申、光皆豫州之分，宜屬鶉火，古陳、蔡、許、息、江、黄、道、柏、沈、賴、蓼、須頓、胡、防、弦、厲之國。氐涉壽星，當洛邑衆山之東，與亳土相接，次南直潁水之間，曰太昊之墟，爲亢分。又南涉淮，氣連鶉尾，在成周之東陽，爲角分。

氐、房、心，大火也。初，氐二度，餘千四百一十九，杪五太。中，房二度。終，尾六度。自雍丘、襄邑、小黄而東，循濟陰，界于齊、魯，右泗水，達于呂梁，乃東南接太昊之墟，盡漢濟陰、山陽、楚國、豐、沛之地，古宋、曹、郕、滕、茅、郜、蕭、葛、向城、偪陽、申父之國。商、亳負北河，陽氣之所升也，爲心分。豐、沛負南河，陽氣之所布也，爲房分。其下流與尾同占，西接陳、鄭爲氐分。

尾、箕，析木津也。初，尾七度，餘二千七百五十，杪二十一少。中，箕五度。終，南斗八度。自渤海、九河之北，得漢河間、涿郡、廣陽及上谷、漁陽、右北平、遼西、遼東、樂浪、玄菟，古北燕、孤竹、無終、九夷之國。尾得雲漢之末派，龜、魚麗焉，當九河之下流，濱于渤碣，皆北紀之所窮也。箕與南斗相近，爲遼水之陽，盡朝鮮三韓之地，在吳、越東。

南斗、牽牛，星紀也。初，南斗九度，餘千四十二，秒十二太。中，南斗二十四度。終，女四度。自廬江、九江，負淮水，南盡臨淮、廣陵，至于東海，又逾南河，得漢丹楊、會稽、豫章，西濱彭蠡，南涉越門，迄蒼梧、南海，逾嶺表，自韶、廣以西，珠崖以東，爲星紀之分也。古吳、越、羣舒、廬、桐、六、蓼及東南百越之國。南斗在雲漢下流，當淮、海間，爲吳分。牽牛去南河寖遠，自豫章迄會稽，南逾嶺徼，爲越分。島夷蠻貊之人，聲教所不曁，皆係于狗國云。

校勘記

〔一〕南北科兩極　「科」，舊書卷三五天文志作「斜」。

〔二〕雙間挾樞軸及玉衡望筩　「挾」，各本原作「使」，據舊書卷三五天文志改。

〔三〕與日行緩急相及　「及」，各本原作「反」。按本書卷二五曆志作「日月行有緩速相及」，「反」字誤，逕改。

〔四〕皆用鋼鐵　舊書卷三五天文志、唐會要卷四二和合鈔卷五〇「鋼」俱作「銅」。此疑誤。

〔五〕外屏在觜觿　隋丹元子步天歌：「觜南參宿七星昭，西南玉井四星僑，前列屏星廁右邊。壁東奎宿象晶瑩，南列徽平七外屏。」隋書卷二〇天文志和開元占經引甘石星經均謂屏二星在玉井南，外屏七星在奎南。北宋蘇頌新儀象法要星圖和南宋蘇州石刻天文圖，屏和外屏位置亦如此。「外」字疑衍。

〔六〕外屏在畢　按畢宿與觜宿相鄰，「外」字疑衍。參閱本卷校勘記〔五〕。

〔七〕（陽城）極出地三十四度十分度之四　按唐會要卷四二：「河南府告成，北極高三十四度七分，冬至影在表北一丈二尺七寸一分，夏至影在表北一尺四寸九分。」未記及陽城。核算下文所記陽城與武陵、橫野軍、安南、林邑、鐵勒等地極高差、距離和影差時，發現俱係用河南府極高和影長代替陽城極高和影長。若用陽城極高和影長計算陽城與武陵等地極高差、距離和影差，則與所列有關數據不合。

〔八〕定春秋分晷五尺八寸七分　「五尺」，舊書卷三五天文志作「九尺」，經計算，舊書是。

唐書卷三十二

志第二十二

天文二

日食

武德元年十月壬申朔，日有食之，在氐五度。占曰：「諸侯專權，則其應在所宿國；諸侯附從，則爲王者事。」四年八月丙戌朔，日有食之，在翼四度。楚分也。六年十二月壬寅朔，日有食之，在南斗十九度。吳分也。九年十月丙辰朔，日有食之，在氐七度。

貞觀元年閏三月癸丑朔，日有食之，在胃九度。九月庚戌朔，日有食之，在亢五度。胃爲天倉，亢爲疏廟。二年三月戊申朔，日有食之，在婁十一度。占爲大臣憂。三年八月己巳朔，日有食之，在翼五度。占曰：「旱。」四年正月丁卯朔〔一〕，日有食之，在營室四度。七月甲子朔，日有食之，在張十四度。占爲禮失。六年正月乙卯朔，日有食之，在虛九度。虛，耗祥也。八年五月辛未朔，日有食之，在參七度。九年閏四月丙寅朔，日有食之，在畢十三度。占爲邊兵。十一年三月丙戌朔，日有食之，在婁二度。占爲大臣憂。十二年閏二月庚辰朔，日有食之，在奎九度。奎，武庫也。十三年八月辛未朔，日有食之，在翼十四度。翼爲遠夷。十七年六月己卯朔，日有食之，在東井十六度。京師分也。十八年十月辛丑朔，日有食之，在房三度。房，將相位。二十年閏三月癸巳朔，日有食之，在胃九度。占曰：「主有疾。」二十二年八月己酉朔，日有食之，在翼五度。占曰：「旱。」

顯慶五年六月庚午朔，日有食之，在柳五度。

龍朔元年五月甲子晦，日有食之，在東井二十七度。皆京師分也。

麟德二年閏三月癸酉，日有食之，在胃九度。占曰：「主有疾。」

乾封二年八月己丑朔，日有食之，在翼六度。

總章二年六月戊申朔，日有食之，在東井二十九度。

咸亨元年六月壬寅朔，日有食之，在東井十八度。二年十一月甲午朔，日有食之，在箕九度。三年十一月戊子朔，日有食之，在尾十度。東井，京師分。箕爲后妃之府。尾爲後宮。五年三月辛亥朔，日有食之，在婁十三度。占爲大臣憂。

永隆元年十一月壬申朔，日有食之，在尾十六度。

開耀元年十月丙寅朔，日有食之，在尾四度。

永淳元年四月甲子朔，日有食之，在畢五度。十月庚申朔，日有食之，在房三度。

垂拱二年二月辛未朔，日有食之，在營室十五度。四年六月丁亥朔，日有食之，在東井二十七度。京師分也。

天授二年四月壬寅朔，日有食之，在昴七度。

如意元年四月丙申朔，日有食之，在胃十一度。皆正陽之月。

長壽二年九月丁亥朔，日有食之，在角十度。角內爲天廷。

延載元年九月壬午朔，日有食之，在軫十八度。軫爲車騎。

證聖元年二月己酉朔，日有食之，在營室五度。

聖曆三年五月己酉朔，日有食之，在畢十五度。

長安二年九月乙丑朔，日有食之，幾既，在角初度。三年三月壬戌朔，日有食之，在奎十度。占曰：「君不安。」九月庚寅朔〔三〕，日有食之，在亢七度。

神龍三年六月丁卯朔，日有食之，在東井二十八度。京師分也。

景龍元年十二月乙丑朔，日有食之，在南斗二十一度。斗爲丞相位。

先天元年九月丁卯朔，日有食之，在角十度。

開元三年七月庚辰朔，日有食之，在張四度。七年五月己丑朔，日有食之，在畢十五度。九年九月乙巳朔，日有食之，在軫十八度。十二年閏十二月丙辰朔，日有食之，在虛初度。十七年十月戊午朔，日有食之，不盡如鉤，在氐九度。二十年二月甲戌朔，日有食之，在營室十度。八月辛未朔，日有食之，在翼七度。二十一年七月乙丑朔，日有食之，在張十五度。二十二年十二月戊子朔，日有食之，在南斗二十三度。二十三年閏十一月壬午朔，日有食之，在南斗十一度。二十六年九月丙申朔，日有食之，在亢九度。二十八年三月丁亥朔，日有食之，在婁三度。

天寶元年七月癸卯朔，日有食之，在張五度。五載五月壬子朔，日有食之，在畢十六度。十三載六月乙丑朔，日有食之，幾既，在東井十九度。京師分也。

至德元載十月辛巳朔，日有食之，既，在氐十度。

上元二年七月癸未朔，日有食之，既，大星皆見，在張四度。

大曆三年三月乙巳朔，日有食之，在奎十一度。十年十月辛酉朔，日有食之，在氐十一度。宋分也。十四年七月戊辰朔，日有食之，在張四度。十二月丙寅晦，日有食之，在危十二度。

貞元三年八月辛巳朔，日有食之，在軫八度。五年正月甲辰朔，日有食之，在營室六度。八年十一月壬子朔，日有食之，在尾六度。宋分也。十二年八月己未朔，日有食之，在翼十八度。占曰：「旱。」十七年五月壬戌朔，日有食之，在東井十度。

元和三年七月辛巳朔，日有食之，在七星三度。十年八月己亥朔，日有食之，在翼十八度。十三年六月癸丑朔，日有食之，在輿鬼一度。京師分也。

長慶二年四月辛酉朔，日有食之，在胃十三度。三年九月壬子朔，日有食之，在角十二度。

大和八年二月壬午朔，日有食之，在奎一度。

開成元年正月辛丑朔，日有食之，在虛三度。

會昌三年二月庚申朔，日有食之，在東壁一度。并州分也。四年二月甲寅朔，日有食之，在營室七度。五年七月丙午朔，日有食之，在張七度。六年十二月戊辰朔，日有食之，在南斗十四度。

大中二年五月己未朔，日有食之，在參九度。八年正月丙戌朔，日有食之，在危二度。危爲玄枵，亦耗祥也。

咸通四年七月辛卯朔，日有食之，在張十七度。

乾符三年九月乙亥朔〔三〕，日有食之，在軫十四度。四年四月壬申朔，日有食之，在畢三度。六年四月庚申朔，日有食之，既，在胃八度。

文德元年三月戊戌朔，日有食之，在胃一度。

天祐元年十月辛卯朔，日有食之，在心二度。三年四月癸未朔，日有食之，在胃十二度。

凡唐著紀二百八十九年，日食九十三：朔九十，晦二，二日一〔四〕。

日變

貞觀初，突厥有五日並照。二十三年三月，日赤無光。李淳風曰：「日變色，有軍急。」又曰：「其君無德，其臣亂國。」濮陽復曰：「日無光，主病。」

咸亨元年二月壬子，日赤無光。癸丑，四方濛濛，日有濁氣，色赤如赭。

上元二年三月丁未，日赤如赭。

永淳元年三月，日赤如赭。

文明元年二月辛巳，日赤如赭。

長安四年正月壬子，日赤如赭。

景龍三年二月庚申，日色紫赤無光。

開元十四年十二月己未，日赤如赭。二十九年三月丙午，風霾，日無光，近晝昏也。占爲上刑急，人不樂生。

天寶三載正月庚戌，日暈五重。占曰：「是謂棄光，天下有兵。」

肅宗上元二年二月乙酉，白虹貫日。

大曆二年七月丙寅，日旁有青赤氣，長四丈餘。壬申，日上有赤氣，長二丈。九月乙亥至于辛丑，日旁有青赤氣。三年正月丁巳，日有黃冠、青赤珥。辛丑，亦如之。凡氣長而立者爲直，橫者爲格，立于日上者爲冠。直爲有自立者，格爲戰鬬。又曰：「赤氣在日上，君有佞臣。黃爲土功，青赤爲憂。」

貞元二年閏五月壬戌，日有黑暈。六年正月甲子，日赤如血。十年三月乙亥，黃霧四塞，日無光。

元和二年十月壬午，日傍有黑氣如人形跪，手捧盤向日，盤中氣如人頭。四年閏三月，日傍有物如日。五年四月辛未，白虹貫日。十年正月辛卯，日外有物如烏。十一年正月己卯，日紫赤無光。

長慶元年六月己丑，白虹貫日。三年二月庚戌，白虹貫日。

寶曆元年六月甲戌，赤虹貫日。九月甲申，日赤無光。二年三月甲午，日中有黑氣如杯。辛亥，日中有黑子。四月甲寅，白虹貫日。

大和二年二月癸亥，日無光，白霧晝昏。十二月癸亥，有黑祲，與日如鬭。五年二月辛丑，白虹貫日。六年三月，有黑祲與日如鬭。庚戌，日中有黑子。四月乙丑，黑氣磨日。七年正月庚戌，白虹貫日。八年七月甲戌，白虹貫日，日有交暈。十月壬寅，白虹貫日，東西際天，上有背玦。九年二月辛卯，日月赤如血。壬辰，亦如之。

開成元年正月辛丑朔，白虹貫日。二月己丑，亦如之。二年十一月辛巳，日中有黑子，大如雞卵，日赤如赭，晝昏至于癸未。五年正月己丑，日暈，白虹在東，如玉環貫珥。二月丙辰，日有重暈，有赤氣夾日。十二月癸卯朔，日旁有黑氣來觸。

會昌元年十一月庚戌，日中有黑子。四年正月戊申，日無光。二月己巳，白虹貫日如玉環。

大中十三年四月甲午，日暗無光。

咸通六年正月，白虹貫日，中有黑氣如雞卵。七年十二月癸酉，白氣貫日，日有重暈。甲戌，亦如之。白氣，兵象也。十四年二月癸卯，白虹貫日。

乾符元年，日中有黑子。二年，日中有若飛燕者。六年十一月丙辰朔，有兩日並出而鬭，三日乃不見。鬭者，離而復合也。

廣明元年，日暈如虹，黃氣蔽日無光。日不可以二；虹，百殃之本也。

中和三年三月丙午，日有青黃暈。四月丙辰，亦如之。丁巳、戊午，又如之。

光啓三年十一月己亥，下晡，日上有黑氣。四年二月己丑，日赤如血。庚寅，改元文德。是日，風，日赤無光。

景福元年五月，日色散如黃金。

光化三年冬，日有虹蜺背璚彌旬，日有赤氣，自東北至于東南。

天復元年十月，日色散如黃金。十一月，又如之。三年二月丁丑，日有赤氣，自東北至于東南。

天祐元年二月丙寅，日中見北斗，其占重。十一月癸酉，日中，日有黃暈，旁有青赤氣二。二年正月甲申，日有黃白暈，暈上有青赤背。乙酉亦如之，暈中生白虹，漸東，長百餘丈。二月乙巳，日有黃白暈如半環，有蒼黑雲夾日，長各六尺餘，既而雲變，狀如人如馬，乃消。舊占：「背者，叛背之象。日暈有虹者爲大戰，半暈者相有謀。蒼黑，祲祥也。夾日者，賊臣制君之象。變而如人者爲叛臣；如馬者爲兵。」三年正月辛未，日有黃白暈，上有青赤背。二月癸巳，日有黃白暈，如半環，有青赤背。庚戌，日有黃白暈，青赤背。

月變

貞觀初，突厥有三月並見。

儀鳳二年正月甲子朔，月見西方，是謂朓。朓則侯王其舒。

武太后時，月過望不虧者二。

天寶三載正月庚戌，月有紅氣如垂帶。

肅宗元年建子月癸巳乙夜，月掩昴而暈，色白，有白氣自北貫之。昴，胡也。白氣，兵喪。

建辰月丙戌，月有黃白冠，連暈，圍東井、五諸侯、兩河及輿鬼。東井，京師分也。

大曆十年九月戊申，月暈熒惑、畢、昴、參，東及五車，暈中有黑氣，乍合乍散。十二月丙子，月出東方，上有白氣十餘道，如匹練，貫五車及畢、觜觿、參、東井、輿鬼、柳、軒轅，中夜散去。占曰：「女主凶。」白氣爲兵喪，五車主庫兵，軒轅爲後宮，其宿則晉分及京師也。

元和十一年，己未旦，日已出，有虹貫月于營室。

開成四年閏正月甲申朔，乙酉，月在營室，正偃魄質成，早也。占爲臣下專恣之象。五年正月戊寅朔，甲申，月昏而中，未弦而中，早也。占同上。

景福二年十一月，有白氣如環，貫月，穿北斗，連太微。

天復二年十二月甲申，夜月有三暈，裏白，中赤黃，外綠。

天祐二年二月丙申，月暈熒惑。

孛彗

武德九年二月壬午，有星孛于胃、昴間；丁亥，孛于卷舌。孛與彗皆非常惡氣所生，而災甚于彗。

貞觀八年八月甲子，有星孛于虛、危，歷玄枵，乙亥不見〔五〕。十三年三月乙丑，有星孛于畢、昴。十五年六月己酉，有星孛于太微，犯郎位，七月甲戌不見。

龍朔三年八月癸卯，有彗星于左攝提，長二尺餘，乙巳不見。攝提，建時節，大臣象。

乾封二年四月丙辰，有彗星于東北，在五車、畢、昴間，乙亥不見〔六〕。

上元二年十二月壬午，有彗星于角、亢南，長五尺。三年七月丁亥，有彗星于東井，指北河，長三尺餘；東北行，光芒益盛，長三丈，掃中台，指文昌。九月乙酉，不見。東井，京師分；中台、文昌，將相位；兩河，天闕也。

開耀元年九月丙申，有彗星于天市中，長五丈，漸小，東行至河鼓，癸丑不見。市者，貨食之所聚，以衣食生民者；一曰帝將遷都。河鼓，將軍象。

永淳二年三月丙午，有彗星于五車北，四月辛未不見。

文明元年七月辛未夕，有彗星于西方，長丈餘，八月甲辰不見。是謂天攙。

光宅元年九月丁丑，有星如半月，見于西方。月，衆陰之長，星如月者陰盛之極。

景龍元年十月壬午，有彗星于西方，十一月甲寅不見。二年七月丁酉〔七〕，有星孛于胃、昴間。胡分也。三年八月壬辰〔八〕，有星孛于紫宮。

延和元年六月，有彗星自軒轅入太微，至大角滅。

開元十八年六月甲子，有彗星于五車。癸酉，有星孛于畢、昴。二十六年三月丙子，有星孛于紫宮垣，歷北斗魁，旬餘，因雲陰不見。

乾元三年四月丁巳，有彗星于東方，在婁、胃間，色白，長四尺，東方疾行，歷昴、畢、觜觿、參、東井、輿鬼、柳、軒轅至右執法西，凡五旬餘不見。閏月辛酉朔，有彗星于西方，長數丈，至五月乃滅。婁爲魯，胃、昴、畢爲趙，觜觿、參爲唐，東井、輿鬼爲京師分，柳其半爲周分。二彗仍見者，荐禍也。又婁、胃間，天倉。

大曆元年十二月己亥，有彗星于匏瓜，長尺餘，經二旬不見，犯宦者星。五年四月己未，有彗星于五車，光芒蓬勃，長三丈。五月己卯，彗星見于北方，色白，癸未東行近八穀中星；六月癸卯近三公，己未不見。占曰：「色白者，太白所生也。」七年十二月丙寅，有長星于參下，其長亙天。長星，彗屬。參，唐星也。

元和十年三月，有長星于太微，尾至軒轅。十二年正月戊子，有彗星于畢。

長慶元年正月己未，有星孛于翼；丁卯，孛于太微西上將〔九〕。六月，有彗星于昴，長一丈，凡十日不見。

大和二年七月甲辰，有彗星于右攝提南，長二尺。三年十月，客星見于水位。八年九月辛亥，有彗星于太微，長丈餘，西北行，越郎位，庚申不見。

開成二年二月丙午，有彗星于危，長七尺餘，西指南斗；戊申在危西南，芒耀愈盛；癸丑在虛；辛酉，長丈餘，西行稍南指；壬戌，在婺女，長二丈餘，廣三尺；癸亥，愈長且闊；三月甲子，在南斗；乙丑，長五丈，其末兩岐，一指氐，一掩房；丙寅，長六丈，無岐，北指在亢七度；丁卯，西北行，東指；己巳，長八丈餘，在張；癸未，長三尺，在軒轅右不見。凡彗星晨出則西指，夕出則東指，乃常也，未有遍指四方，凌犯如此之甚者。甲申，客星出于東井下。戊子，客星別出于端門內，近屏星。四月丙午，東井下客星沒。五月癸酉，端門內客星沒。壬午，客星如孛，在南斗天籥旁。八月丁酉，有彗星于虛、危，虛、危爲玄枵。枵，耗名也。三年十月乙巳，有彗星于軫，長二丈餘，漸長，西指。十一月乙卯，有彗星于東方，在尾、箕，東西亙天；十二月壬辰不見。四年正月癸酉，有彗星于羽林。衞分也。閏月丙午，有彗星于卷舌西北；二月己卯不見。五年二月庚申，有彗星于營室、東壁間，二十日滅。十一月戊寅，有彗星于東方。燕分也。

會昌元年七月，有彗星于羽林、營室、東壁間也。十一月壬寅，有彗星于北落師門，在營室，入紫宮，十二月辛卯不見。并州分也。

大中六年三月，有彗星于觜、參。參，唐星也。十一年九月乙未，有彗星于房，長三尺。

咸通五年五月己亥，夜漏未盡一刻，有彗星出于東北，色黃白，長三尺，在婁。徐州分也。九年正月，有彗星于婁、胃。十年八月，有彗星于大陵，東北指。占爲外夷兵及水災。

乾符四年五月，有彗星。

光啓元年，有彗星于積水、積薪之間。二年五月丙戌，有星孛于尾、箕，歷北斗、攝提。占曰：「貴臣誅。」

大順二年四月庚辰，有彗星于三台，東行入太微，掃大角、天市，長十丈餘，五月甲戌不見。宦者陳匡知星，奏曰：「當有亂臣入宮。」三台，太一三階也；太微大角，帝廷也；天市，都市也。

景福元年五月，蚩尤旗見，初出有白彗，形如髮，長二尺許，經數日，乃從中天下，如匹布，至地如蛇。六月，孫儒攻楊行密于宣州，有黑雲如山，漸下，墜于儒營上，狀如破屋。占曰：「營頭星也。」十一月，有星孛于斗、牛。占曰：「越有自立者。」十二月丙子，天攙出于西南；己卯，化爲雲而沒。二年三月，天久陰，至四月乙酉夜，雲稍開，有彗星于上台，長十餘丈，東行入太微，掃大角，入天市，經三旬有七日，益長，至二十餘丈，因雲陰不見。

乾寧元年正月，有星孛于鶉首。秦分也。又星隕于西南，有聲如雷。七月，妖星見，非彗非孛，不知其名，時人謂之妖星，或曰惡星。三年十月，有客星三，一大二小，在虛、危間，乍合乍離，相隨東行，狀如鬬，經三日而二小星沒，其大星後沒。虛、危，齊分也。

光化三年正月，客星出于中垣宦者旁，大如桃，光炎射宦者，宦者不見。

天復元年五月，有三赤星，各有鋒芒，在南方，既而西方、北方、東方亦如之，頃之，又各增一星，凡十六星；少時，先從北滅。占曰：「濛星也，見則諸侯兵相攻。」二年正月，客星如桃，在紫宮華蓋下，漸行至御女。丁卯，有流星起文昌，抵客星，客星不動；己巳，客星在杠，守之，至明年猶不去。占曰：「將相出兵。」五月夕，有星當箕下，如炬火，炎炎上衝，人初以爲燒火也，高丈餘乃隕。占曰：「機星也，下有亂。」

天祐元年四月，有星狀如人，首赤身黑，在北斗下紫微中。占曰：「天衡也。天衡抱極泣帝前，血濁霧下天下冤。」後三日而黑風晦暝。二年四月庚子夕，西北隅有星類太白，上有光似彗，長三四丈，色如赭；辛丑夕，色如縞。或曰五車之水星也，一曰昭明星也。甲辰，有彗星于北河，貫文昌，長三丈餘，陵中台、下台；五月乙丑夜，自軒轅左角及天市西垣，光芒猛怒，其長亙天；丙寅雲陰，至辛未少霽，不見。兩河爲天闕，在東井間，而北河，中國所經也。文昌，天之六司。天市，都市也。

星變

武德三年十月己未，有星隕于東都中，隱隱有聲。

貞觀二年，天狗隕于夏州城中。十四年八月，有星隕于高昌城中。十六年六月甲辰，西方有流星如月，西南行三丈乃滅。占曰：「星甚大者，爲人主。」十八年五月，流星出東壁，有聲如雷。占曰：「聲如雷者，怒象。」十九年四月己酉，有流星向北斗杓而滅。

永徽三年十月，有流星貫北極。四年十月，睦州女子陳碩眞反，婺州刺史崔義玄討之，有星隕于賊營。

乾封元年正月癸酉，有星出太微，東流，有聲如雷。

咸亨元年十一月，西方有流星聲如雷。

調露元年十一月戊寅，流星入北斗魁中；乙巳，流星燭地有光，使星也。

神龍三年三月丙辰，有流星聲如頹牆，光燭天地。

景龍二年二月癸未，有大星隕于西南，聲如雷，野雉皆雊。

景雲元年八月己未，有流星出五車，至上台滅。九月甲申，有流星出中台，至相滅。

太極元年正月辛卯，有流星出太微，至相滅。

延和元年六月，幽州都督孫佺討奚、契丹，出師之夕，有大星隕于營中。

開元二年五月乙卯晦，有星西北流，或如甕，或如斗，貫北極，小者不可勝數，天星盡搖，至曙乃止。占曰：「星，民象；流者，失其所也。」漢書曰：「星搖者民勞。」十二年十月壬辰，流星大如桃，色赤黃，有光燭地。占曰：「色赤爲將軍使。」

天寶三載閏二月辛亥，有星如月，墜于東南，墜後有聲。

至德二載，賊將武令珣圍南陽，四月甲辰夜中，有大星赤黃色，長數十丈，光燭地，墜賊營中。十一月壬戌，有流星大如斗，東北流，長數丈，蛇行屈曲，有碎光迸出。占曰：「是謂枉矢。」

廣德二年六月丁卯，有妖星隕于汾州。十二月丙寅，自乙夜至曙，星流如雨。

大曆二年九月乙丑，晝有星如一斗器，色黃，有尾長六丈餘，出南方，沒于東北。東北于中國，則幽州分也。三年九月乙亥，有星大如斗，北流，有光燭地，占爲貴使。六年九月甲辰，有星西流，大如一升器，光燭地，有尾，迸光如珠，長五丈，出婺女，入天市南垣滅。八年六月戊辰，有流星大如一升器，有尾，長三丈餘，入太微。十二月壬申，有流星大如一升器，有尾，長二丈餘，出紫微入濁。十年三月戊戌，有流星出于西方，如二升器，有尾，長二丈，入濁。十二年二月辛亥，有流星如桃，尾長十丈，出匏瓜，入太微。

建中四年八月庚申，有星隕于京師。

興元元年六月戊午，星或什或伍而隕。

貞元三年閏五月戊寅，枉矢墜于虛、危。十四年閏五月辛亥，有星墜于東北，光燭如晝，聲如雷。

元和二年十二月己巳，西北有流星亙天，尾散如珠。占曰：「有貴使。」四年八月丁丑，西北有大星，東南流，聲如雷鼓。六年三月戊戌日晡，天陰寒，有流星大如一斛器，墜于兗、鄆間，聲震數百里，野雉皆雊，所墜之上，有赤氣如立蛇，長丈餘，至夕乃滅。時占者以爲日在戌，魯分也，不及十年，其野主殺而地分。九年正月，有大星如半席，自下而升，有光燭地，羣小星隨之。四月辛巳，有大流星，尾迹長五丈餘，光燭地，至右攝提西滅。十二年九月己亥甲夜，有流星起中天，首如甕，尾如二百斛舡，長十餘丈，聲如羣鴨飛，明若火炬，過月下西流，須臾，有聲礧礧，墜地，有大聲如壞屋者三，在陳、蔡間。十四年五月己亥，有大流星出北斗魁，長二丈餘，南抵軒轅而滅。占曰：「有赦，赦視星之大小。」十五年七月癸亥，有大星出鉤陳，南流至婁滅。

長慶元年正月丙辰，有大星出狠星北，色赤，有尾迹，長三丈餘，光燭地，東北流至七星南滅。四月，有大星墜于吳，聲如飛羽。七月乙巳，有大流星出參西北，色黃，有尾迹，長六七丈，光燭地，至羽林滅。八月辛巳，東北方有大星自雲中出，色白，光燭地，前銳後大，長二丈餘，西北流入雲中滅。二年四月辛亥，有流星出天市，光燭地，隱隱有聲，至郎位滅。市者，小人所聚，郎在天廷中，主宿衞。六月丁酉，有小星隕于房、心間，戊戌亦如之，己亥亦如之。閏十月丙申，有流星大如斗，抵中台上星。三年八月丁酉夜，有大流星如數斗器，起西北，經奎、婁，東南流，去月甚近，迸光散落，墜地有聲。四年四月，紫微中，星隕者衆。七月乙卯，有大流星出天船，犯斗魁樞星而滅。占曰：「有舟楫事。」丙子，有大流星出天將軍東北，入濁。

寶曆元年正月乙卯，有流星出北斗樞星，光燭地，入濁。占曰：「有赦。」二年五月癸巳，西北有流星，長三丈餘，光燭地，入天市中滅。占爲有誅。七月丙戌，日初入，東南有流星，向南滅，以晷度推之，在箕、斗間。八月丙申，有大流星出王良，長四丈餘，至北斗杓滅。王良，奉車御官也。

大和四年六月辛未，自昏至戊夜，流星或大或小，觀者不能數。占曰：「民失其所，王者失道，綱紀廢則然。」又曰：「星在野象物，在朝象官。」七年六月戊子〔10〕，自昏及曙，四方流星，大小縱橫百餘。八年六月辛巳，夜中有流星出河鼓，赤色，有尾迹，光燭地，迸如散珠，北行近天棓滅，有聲如雷。河鼓爲將軍。天棓者，帝之武備。九年六月丁酉，自昏至丁夜，流星二十餘，縱橫出沒，多近天漢。

開成二年九月丁酉，有星大如斗，長五丈，自室、壁西北流，入大角下沒，行類枉矢，中天有聲，小星數百隨之。十一月丁丑，有大星隕于興元府署寢室之上，光燭庭宇。三年五月乙丑，有大星出于柳、張，尾長五丈餘，再出再沒。四年二月己亥〔三〕，丁夜至戊夜，四方中天流星小大凡二百餘，並西流，有尾迹，長二丈至五丈。八月辛未，流星出羽林，有尾迹，長八丈餘，有聲如雷。羽林，天軍也。十二月壬申，蚩尤旗見。

會昌元年六月戊辰，自昏至戊夜，小星數十，縱橫流散。占曰：「小星，民象。」七月庚午，北方有星，光燭地，東北流經王良，有聲如雷。十一月壬寅，有大星東北流，光燭地，有聲如雷。四年八月丙午，有大星如炬火，光燭天地，自奎、婁掃西方七宿而隕。六年二月辛丑，夜中有流星赤色如桃，光燭地，有尾迹，貫紫微入濁。

咸通六年七月乙酉，甲夜有大流星長數丈，光爍如電，羣小星隨之，自南徂北。其象南方有以衆叛而之北也。九年十一月丁酉，有星出如匹練，亙空化爲雲而沒，在楚分。是謂長庚，見則兵起。十三年春，有二星從天際而上，相從至中天，狀如旌旗，乃隕。九月，蚩尤旗見。

乾符二年冬，有二星，一赤一白，大如斗，相隨東南流，燭地如月，漸大，光芒猛怒。三年，晝有星如炬火，大如五升器，出東北，徐行，隕于西北。四年七月，有大流星如盂，自虛、危，歷天市，入羽林滅。占爲外兵。

中和元年，有異星出于輿鬼。占者以爲惡星。八月己丑夜，星隕如雨，或如杯椀者，交流如織，庚寅夜亦如之，至丁酉止。三年十一月夜，星隕于西北，如雨。

光啓二年九月，有大星隕于揚州府署延和閣前，聲如雷，光炎燭地。十月壬戌，有星出于西方，色白，長一丈五尺，屈曲而隕。占曰：「長庚也，下則流血。」三年五月，秦宗權擁兵于汴州北郊，晝有大星隕于其營，聲如雷，是謂營頭。其下破軍殺將。

乾寧元年夏，有星隕于越州，後有光，長丈餘，狀如蛇。或曰枉矢也。三年六月，天暴雨，雷雹，有星大如椀，起西南，墜于東北，色如鶴練，聲如羣鴨飛。占爲姦謀。

光化元年九月丙子，有大星墜于北方。三年三月丙午，有星如二十斛船，色黃，前銳後大，西南行。十一月，中天有大星自東緩流如帶屈曲，光凝著天，食頃乃滅。是謂枉矢。

天復三年二月，帝至自鳳翔，其明日，有大星如月，自東濁際西流，有聲如雷，尾跡橫貫中天，三夕乃滅。

天祐元年五月戊寅，乙夜雨、晦暝，有星長二十丈，出東方，西南向，首黑、尾赤、中白，枉矢也，一曰長星。二年三月乙丑，夜中有大星出中天，如五斗器，流至西北，去地十丈許而止，上有星芒，炎如火，赤而黃，長丈五許，而蛇行，小星皆動而東南，其隕如雨，少頃沒，後有蒼白氣如竹叢，上衝天中，色瞢瞢。占曰：「亦枉矢也。」三年十二月昏，東方有星如太白，自地徐上，行極緩，至中天，如上弦月，乃曲行，頃之，分爲二。占曰：「有大孽。」

校勘記

〔一〕四年正月丁卯朔　「正月」上各本原有「閏」字。按唐會要卷四二和本書卷二太宗紀記此次日食時間，正月上俱無「閏」字；又陳垣二十史朔閏表，貞觀四年正月未閏。據刪。

〔二〕九月庚寅朔　按二十史朔閏表，是年八月庚申朔，九月己丑朔。朱文鑫歷代日食考唐代日食表記是年「八月庚申朔日食」；又據本卷上下文所記見食日期推算，此次日食，亦在八月庚申朔。此疑誤。

〔三〕乾符三年九月乙亥朔　唐代日食表記是年「五月丁丑朔日食」；又據本卷上下文所記見食日期推算，亦在五月丁丑朔。此疑誤。

〔四〕朔九十晦二二日一　衲、十行本作「朔九十一晦一二日一」，汲、殿、局本作「朔九十一晦二日」。

按上文記日食計九十三次，在朔者九十次，在晦者二次，在二日者一次。各本並誤，逕改。

〔五〕乙亥不見　按舊書卷三六天文志、唐會要卷四三云：「貞觀八年八月二十三日，有星孛于虛、危，歷於玄枵，凡十一日滅。」又按二十史朔閏表，是年八月庚子朔，無乙亥；九月庚午朔，六日乙亥。疑「乙亥」上脫「九月」二字。

〔六〕乙亥不見　按二十史朔閏表，是年四月辛卯朔，無乙亥。

〔七〕二年七月丁酉　「七月」，各本原作「二月」。舊書卷三六天文志和唐會要卷四三俱作「二年七月七日」；本書卷四中宗紀亦作「七月」；又按二十史朔閏表，是年二月無丁酉，七月辛卯朔，七日丁酉。據改。

〔八〕三年八月壬辰　「八月」上各本原無「三年」二字。舊書卷三六天文志和唐會要卷四三俱作「三年八月八日」，本書卷四中宗紀亦繫在景龍三年；又按二十史朔閏表，三年八月八日爲壬辰。據補。

〔九〕丁卯孛于太微西上將　「丁卯」上各本原有「二月」二字。按本書卷八穆宗紀此事繫在長慶元年正月下，作「丁卯有星孛于太微」；舊書卷三六天文志無「二月」二字。又按二十史朔閏表，是年二月戊辰朔，無丁卯；正月戊戌朔，三十日爲丁卯。「二月」衍，據刪。

〔一〇〕七年六月戊子　合鈔卷五一沈炳震按：「舊紀六月丁巳朔，無戊子。」依二十史朔閏表推算，沈說是。

〔二〕四年二月己亥　按二十史朔閏表，是年二月癸丑朔，無己亥。

唐書卷三十三

志第二十三

天文三

月五星淩犯及星變

隋大業十三年六月，鎮星羸而旅于參。參，唐星也。李淳風曰：「鎮星主福，未當居而居，所宿國吉。」

義寧二年三月丙午，熒惑入東井。占曰：「大人憂。」

武德元年五月庚午，太白晝見。占曰：「兵起，臣彊。」六月丙子，熒惑犯右執法。占曰：「執法，大臣象。」二年七月戊寅，月犯牽牛。凡月與列宿相犯，其宿地憂。牽牛，吳、越分。九月庚寅，太白晝見。冬，熒惑守五諸侯。六年七月癸卯，熒惑犯輿鬼西南星。占曰：「大臣有誅。」七年六月，熒惑犯右執法。七月戊寅，歲星犯畢。占曰：「邊有兵。」八年九月癸丑，熒惑入太微。太微，天廷也。冬，太白入南斗。斗主爵祿。九年五月，太白晝見；六月丁巳，經天；己未，又經天。在秦分。丙寅，月犯氐。氐爲天子宿宮。己卯，太白晝見；七月辛亥，晝見；甲寅，晝見；八月丁巳，晝見。太白，上公；經天者，陰乘陽也。

貞觀三年三月丁丑，歲星逆行入氐。占曰：「人君治宮室過度。」一曰：「饑。」五年五月庚申，鎮星犯鍵閉。占爲腹心喉舌臣。九年四月丙午，熒惑犯軒轅。十年四月癸酉，復犯之。占曰：「熒惑主禮，禮失而後罰出焉。」軒轅爲後宮。十一年二月癸未，熒惑入輿鬼。占曰：「賊在大人側。」十二年六月辛卯，熒惑入東井。占曰：「旱。」十三年五月乙巳，犯右執法。六月，太白犯東井北轅。井，京師分也。十四年十一月壬午，月入太微。占曰：「君不安。」十五年二月，熒惑逆行，犯太微東上相。十六年五月，太白犯畢左股，畢爲邊將；六月戊戌，晝見。九月己未，熒惑犯太微西上將；十月丙戌，入太微，犯左執法。十七年二月，犯鍵閉；三月丁巳，守心前星；癸酉，逆行犯鉤鈐。熒惑常以十月入太微，受制而出，伺其所守犯，天子所誅也。鍵閉爲腹心喉舌臣，鉤鈐以開闔天心，皆貴臣象。十八年十一月乙未，月掩鉤鈐。十九年七月壬午〔二〕，太白入太微，是夜月掩南斗，太白遂犯左執法，光芒相及箕、斗間。漢津，高麗地也。太白爲兵，亦罰星也。二十年七月丁未，歲星守東壁。占曰：「五穀以水傷。」二十一年四月戊寅，月犯熒惑。占曰：「貴臣死。」十二月丁丑，月食昴。占曰：

「天子破匈奴。」二十二年五月丁亥，犯右執法。七月，太白晝見。乙巳，鎮星守東井。占曰：「旱。」閏十二月辛巳，太白犯建星。占曰：「大臣相譖。」

永徽元年二月己丑，熒惑犯東井。占曰：「旱。」四月己巳，月犯五諸侯，熒惑犯輿鬼。占曰：「諸侯凶。」五月己未，太白晝見。二年六月己丑，太白入太微，犯右執法；九月甲午，犯心前星。十二月乙未，太白晝見。三年正月壬戌，犯牽牛。牽牛爲將軍，又吳、越分也。丁亥，歲星掩太微上將。二月己丑，熒惑犯五諸侯；五月戊子〔三〕，掩右執法。四年六月己丑，太白晝見。六年七月乙亥，歲星守尾。占曰：「人主以嬪爲后。」己丑，熒惑入輿鬼；八月丁卯，入軒轅。

顯慶元年四月丁酉，太白犯東井北轅。占曰：「秦有兵。」五年二月甲午，熒惑入南斗；六月戊申〔三〕，復犯之。南斗，天廟；去復來者，其事大且久也。

龍朔元年六月辛巳，太白晝見經天；九月癸卯，犯左執法。二年七月己丑，熒惑守羽林，羽林，禁兵也；三年正月己卯，犯天街。占曰：「政塞姦出。」六月乙酉，太白入東井。占曰：「君失政，大臣有誅。」

麟德二年三月戊午，熒惑犯東井；四月壬寅，入輿鬼，犯質星。

乾封元年八月乙巳，熒惑入東井。二年五月庚申〔四〕，入軒轅。三年正月乙巳，月犯軒轅大星。

咸亨元年四月癸卯，月犯東井。占曰：「人主憂。」七月壬申，熒惑入東井。占曰：「旱。」丙申，月犯熒惑。占曰：「貴人死。」十二月丙子，熒惑入太微；二年四月戊辰，復犯。太微垣，將相位也。五年六月壬寅，太白入東井。

上元二年正月甲寅，熒惑犯房。占曰：「君有憂。」一曰：「有喪。」三年正月丁卯，太白犯牽牛。占曰：「將軍凶。」

儀鳳二年八月辛亥，太白犯軒轅左角。左角，貴相也。三年十月戊寅〔三〕，熒惑犯鉤鈐；四年四月戊午，入羽林。占曰：「軍憂。」

調露元年七月辛巳，入天囷。

永隆元年五月癸未，犯輿鬼。丁酉，太白晝見經天。是謂陰乘陽，陽，君道也。

永淳元年五月丁巳，辰星犯軒轅。九月庚戌，熒惑入輿鬼，犯質星；十一月乙未，復犯輿鬼。去而復來，是謂「句巳」。

垂拱元年四月癸未，辰星犯東井北轅。辰星爲廷尉，東井爲法令，失道則相犯也。十二月戊子，月掩軒轅大星；二年三月丙辰，復犯之。

萬歲通天元年十一月乙丑，歲星犯司怪。占曰：「水旱不時。」

聖曆元年五月庚午，太白犯天關。天關主邊事。二年，熒惑入輿鬼。三年三月辛亥，歲星犯左執法。

久視元年十二月甲戌晦，熒惑犯軒轅。

自乾封二年後，月及熒惑、太白、辰星凌犯軒轅者六。

長安二年，熒惑犯五諸侯。渾儀監尙獻甫奏：「臣命在金，五諸侯太史之位，火克金，臣將死矣。」武后曰：「朕爲卿禳之，以獻甫爲水衡都尉，水生金，又去太史之位，卿無憂矣。」是秋，獻甫卒。四年，熒惑入月，鎭星犯天關。

神龍元年三月癸巳，熒惑犯天田，占曰「旱」；七月辛巳，掩氐西南星，占曰「賊臣在內」。二年閏正月丁卯，月掩軒轅后星。九月壬子，熒惑犯左執法。己巳，月犯軒轅后星；十一月辛亥，犯昴，占曰「胡王死」。戊午，熒惑入氐；十二月丁酉，犯天江，占曰「旱」。三年五月戊戌，太白入輿鬼中。占曰：「大臣有誅。」

景龍三年六月癸巳，太白晝見在東井。京師分也。四年二月癸未，熒惑犯天街。五月甲子，月犯五諸侯。

景雲二年三月壬申，太白入羽林。八月己未，歲星犯執法。

太極元年三月壬申〔六〕，熒惑入東井。

先天元年八月甲子，太白襲月。占曰：「太白，兵象；月，大臣體。」二年十一月丙子，熒惑犯司怪。

開元二年七月己丑，太白犯輿鬼東南星。七年六月甲戌，太白犯東井鉞星。占曰：「斧鉞用。」八年三月庚午，犯東井北轅；五月甲子，犯軒轅。十一年十一月丁卯，歲星犯進賢。十四年十月甲寅，太白晝見。二十五年六月壬戌，熒惑犯房。二十七年七月辛丑，犯南斗。占曰：「貴相凶。」

天寶十三載五月，熒惑守心五旬餘。占曰：「主去其宮。」十四載十二月，月食歲星在東井。占曰：「其國亡。」東井，京師分也。

至德二載七月己酉，太白晝見經天，至于十一月戊午不見，歷秦、周、楚、鄭、宋、燕之分。十二月，歲星犯軒轅大星。占曰：「女主謀君。」

乾元元年五月癸未，月掩心前星，占曰「太子憂」；六月癸丑，入南斗魁中，占曰「大人憂」。二年正月癸未，歲星蝕月在翼，楚分也，一曰：「饑。」二月丙辰，月犯心中星。占曰：「主命惡之。」

上元元年五月癸丑，月掩昴。占曰：「胡王死。」八月己酉〔七〕，太白犯進賢。十二月癸未，歲星掩房。占曰：「將相憂。」三年建子月癸巳，月掩昴，出昴北；八月丁卯，又掩昴。

寶應二年四月己丑，月掩歲星。占曰：「饑。」

永泰元年九月辛卯，太白晝見經天。

大曆二年七月癸亥，熒惑入氐，其色赤黃。乙丑，鎮星犯水位。占曰：「有水災。」乙亥，歲星犯司怪。八月壬午，月入氐；丙申，犯畢。九月戊申，歲星守東井。占皆爲有兵。乙丑，熒惑犯南斗。在燕分。十二月丁丑，犯壘壁。占曰：「兵起。」三年正月壬子，月掩畢；八月己未，復掩畢；辛酉，入東井。九月壬申，歲星入輿鬼。占曰：「歲星爲貴臣，輿鬼主死喪。」丁丑，熒惑入太微，二旬而出。己卯，太白犯左執法。四年二月壬寅，熒惑守房上相；丙午，有芒角；三月壬午，逆行入氐中。是月，鎮星犯輿鬼。七月戊辰，熒惑犯次相；九月丁卯，犯建星。占曰：「大臣相譖。」五年二月乙巳，歲星入軒轅。六月丁酉，月犯進賢；庚子，犯氐。庚戌，太白入東井。六年七月乙巳，月掩畢，入畢中；壬子，月犯太微。八月甲戌，熒惑犯鄭星。庚辰，月入太微。九月壬辰，熒惑犯哭星；庚子，犯泣星。是夜，月掩畢；丁未，入太微；十月丁卯，掩畢。己巳，熒惑犯壘壁。甲戌，月入軒轅，占曰「憂在後宮」；十一月壬寅，入太微；丙午掩氐；十二月己巳，入太微；七年正月乙未，犯軒轅；二月戊午，掩天關。占曰：「亂臣更天子法令。」己巳，熒惑犯天街；四月丁巳，入東井。辛未，歲星犯左角。占曰：「天下之道不通。」壬申，月入羽林；五月丙戌，入太微。八年四月癸丑，歲星掩房。占曰：「將相憂。」又宋分也。甲寅，熒惑入壘壁；五月庚辰，入羽林。七月己卯，太白入東井，留七日，非常度也。占曰：「秦有兵。」乙未，月入畢中。癸未〔八〕，入羽林。己丑，太白入太微。占曰：「兵入天廷。」八月晝見。十月丁巳，月掩畢；壬戌，入輿鬼，掩質星。庚午，月及太白入氐中。占曰：「君有哭泣事。」十一月己卯，月入羽林。癸未，太白入房。占曰：「白衣會。」不曰犯而曰入，蓋鉤鈐間。癸丑〔九〕，月掩天關；甲寅，入東井；癸酉〔一〇〕，入羽林。九年三月丁未，熒惑入東井。四月丁丑，月入太微。五月己未，太白入軒轅。占曰：「憂在後宮。」六月己卯，月掩南斗；庚辰，入太微；七月甲辰，掩房；辛亥，入羽林；壬戌，入輿鬼。九月辛丑，太白入南斗。占曰：「有反臣。」又曰：「有赦。」甲子，熒惑入氐。宋分也。十月戊子，歲星入南斗。占曰：「大臣有誅。」十二月戊辰，月入羽林。十年三月庚戌，熒惑入壘壁；四月甲子，入羽林。八月戊辰〔一一〕，月入太微。十一年閏八月丁酉，太白晝見經天。十二年正月乙丑，月掩軒轅；癸酉，掩心前星，宋分也；丙子，入南斗魁中。二月乙未，鎮星入氐中。占曰：「其分兵喪。」李正己地也。三月壬戌，月入太微；四月乙未，掩心前星；五月丙辰，入太微；戊戌〔一二〕，入羽林；七月庚戌，入南斗。乙亥，熒惑入東井。十月壬辰，月掩昴；庚子，入太微；十一月乙卯，入羽林；十二月壬午，復入羽林。自六年至此，月入太微者十有二，入羽林者八；熒惑三入東井，再入羽林，三入壘壁；月、太白、歲星，皆入南斗魁中。十四年春，歲星入東井。

建中元年十一月，月食歲星在秦分。占曰：「其國亡。」是月，歲星食天尸。天尸，輿鬼中星。占曰：「有妖言，小人在位，君王失樞，死者太半。」三年七月，月掩心中星。

貞元四年五月丁卯，月犯歲星在營室。六月癸卯，熒惑逆行入羽林。占曰：「軍有憂。」六年五月戊辰，月犯太白，間容一指。占曰：「大將死。」十年四月，太白晝見。十一年七月，熒惑、太白相繼犯太微上將。十三年二月戊辰，太白入昴。三月庚寅，月犯太白。十九年三月，熒惑入南斗，色如血。斗，吳、越分；色如血者，旱祥也。二十一年正月己酉〔三〕，太白犯昴。趙分也。

永貞元年十二月丙午，月犯畢。己酉，歲星犯太微西垣。將相位也。

元和元年十月，太白入南斗；十二月，復犯之。斗，吳分也。二年正月癸丑，月犯太白于女、虛。二月壬申，月掩歲星。占曰：「大臣死。」四月丙子，太白犯東井北轅。己卯，月犯房上相。三年三月乙未，鎮星蝕月在氐。占曰：「其地主死。」四年九月癸亥，太白犯南斗。七年正月辛未，月掩熒惑。五月癸亥，熒惑犯右執法。六月己亥，月犯南斗魁。八年七月癸酉，月犯五諸侯。十月己丑，熒惑犯太微西上將；十二月，掩左執法。九年二月丁酉，月犯心中星；七月辛亥，掩心中星。占曰：「其宿地凶。」心，豫州分。壬辰〔四〕，月掩軒轅。

是月，太白入南斗，至十月出，乃晝見。熒惑入南斗中，因留，犯之。南斗，天廟，又丞相位也。十年八月丙午，月入南斗魁中。十一年二月丙辰，月掩心。是月，熒惑入氐，因逆行。三月己丑，月犯鎮星在女。齊分也。四月丙辰，太白犯輿鬼。占曰：「有僇臣。」六月甲辰，月掩心後星。是月，熒惑復入氐，是謂「句巳」。十一月戊寅，月犯歲星；十二月甲午，犯鎮星在危。亦齊分也。十二年三月丁丑，月犯心。十三年正月乙未，歲星逆行，犯太微西上將。三月，熒惑入南斗，因逆留，至于七月，在南斗中，大如五升器，色赤而怒，乃東行，非常也。八月甲戌，太白犯左執法。乙巳〔五五〕，熒惑犯哭星。十月甲子，月犯昴。趙分也。十四年正月癸卯，月犯南斗魁。占曰：「相凶。」五月丙戌〔五六〕，月犯心中星；七月乙酉，掩心中星；十五年正月丙申，復犯中星。四月，太白犯昴。七月庚申，熒惑逆行入羽林。八月己卯，月掩牽牛。吳、越分也。十一月壬子，月犯東井北轅。

長慶元年正月丙午，月掩東井鉞，遂犯南轅第一星。二月乙亥，太白犯昴。趙分也。丁亥，月犯歲星在尾。占曰：「大臣死。」燕分也。三月庚戌，太白犯五車，因晝見，至于七月。以曆度推之，在唐及趙、魏之分。占曰：「兵起。」七月壬寅，月掩房次相。九月乙巳，太白犯左執法。二年九月，太白晝見。熒惑守天囷，六旬餘乃去。占曰：「天囷，上帝之藏，耗祥也。」十月，熒惑犯鎮星于昴。甲子，月掩牽牛中星。占曰：「吳、越凶。」十一月丁丑，掩左角；十二月，復掩之。占曰：「將死。」甲寅，月犯太白于南斗。四年三月庚午，太白犯東井北轅，遂入井中，晝見經天，七日而出，因犯輿鬼。京師分也。五月乙亥，月掩畢大星。六月丙戌，鎭星依曆在觜觿，贏行至參六度，當居不居，失行而前，遂犯井鉞。占曰：「所居宿久，國福厚；易，福薄。」又曰：「贏，爲王不寧；鉞主斬刈而又犯之，其占重。」癸未，熒惑犯東井；丁亥，入井中。己丑，太白犯軒轅右角，因晝見，至于九月。占曰：「相凶。」十月辛巳，月入畢口。十一月，熒惑逆行向參，鎭星守天關。十二月戊子，月掩東井。

寶曆元年四月壬寅，熒惑入輿鬼，掩積尸；七月癸卯，犯執法。甲辰，鎭星犯東井。甲子，月掩畢大星。癸未，太白犯南斗。丙戌，月犯畢；十月辛亥，犯天囷。十一月庚辰，鎭星復犯東井。癸未，月犯東井；二年正月甲申，犯左執法；戊子，入于氐。二月丙午，犯畢。五月甲午，熒惑犯昴。六月，太白犯昴。七月壬申，月犯畢。八月庚戌，熒惑犯輿鬼。

大和元年正月庚午，月掩畢；三月癸丑〔三〕，入畢口，掩大星。月變于畢者，自寶曆元年九月，及茲而五。五月，月掩熒惑在太微西垣。丙戌，熒惑犯右執法。

大和二年正月庚午，月掩鎭星。七月甲辰，熒惑掩輿鬼質星。十月丁卯，月掩東井北轅。三年二月乙卯，太白犯昴。壬申，熒惑掩右執法；七月，入于氐；十月，入于南斗。四年四月庚申，月掩南斗杓次星。十一月辛未，熒惑犯右執法。五年二月甲申，月掩熒惑。三月，熒惑犯南斗杓次星。六年四月辛未，月掩鎮星于端門。己丑，太白晝見。七月戊戌，月掩心大星；辛丑，掩南斗杓次星。七年五月甲辰，熒惑守心中星。六月丙子，月掩心中星，遂犯熒惑。七月甲午，月掩心中星；丙申，掩南斗口第二星。九月丁巳，入于箕；戊辰，入于南斗。癸酉，太白入南斗。冬，鎮星守角；八年二月始去。七月戊子〔二三〕，月犯昴。十月庚子，熒惑、鎮星合于亢。十二月丙戌，月掩昴。是歲，月入南斗者五。占曰：「大人憂。」九年夏，太白晝見，自軒轅至于翼、軫。六月庚寅，月掩歲星在危而暈；十月庚辰，月復掩歲星在危。

開成元年正月甲辰，太白掩建星。占曰：「大臣相譖。」六月丁未，月掩心前星；八月乙巳，入南斗。二年正月壬申，月掩昴。二月己亥，月掩太白于昴中。六月甲寅，月掩昴而暈，太白亦有暈。六月己酉，大星晝見。庚申，太白入于東井。七月壬申，月入南斗；丁亥，掩太白于柳。八月壬子，太白入太微，遂犯左、右執法。九月丙子，月掩昴；三年二月己酉，掩心前星。二月戊午，熒惑入東井；三月乙酉，入輿鬼。五月辛酉，太白犯輿鬼。庚午，月犯心中星。甲寅〔二四〕，太白犯右執法。七月乙丑，月掩心前星。十月辛卯，太白犯南斗。四年二月丁卯，月掩歲星于畢；三月乙酉，掩東井。七月乙未，月犯熒惑。占曰：「貴臣死。」八月壬申，熒惑犯鉞，遂入東井。十月戊午，辰星入南斗魁中。占曰：「大赦。」五年春，木當王，而歲星小闇無光。占曰：「有大喪。」二月壬申，熒惑入輿鬼。四月，太白、歲星入輿鬼。五月，辰星見于七星，色赤如火。七月乙酉，月掩鎮星。

會昌元年閏八月丁酉〔一〇〕，熒惑入輿鬼中。占曰：「有兵喪。」十二月庚午，月犯太白于羽林；二年正月壬戌，掩太白于羽林。六月丙寅，太白犯東井。十月丙戌，月掩歲星于角。三年三月丙申，又掩歲星于角。七月癸巳，熒惑入東井，色蒼赤，動搖井中；八月丁丑，犯輿鬼。十月壬午晝，月食太白于亢。四年二月，歲星守房，掩上相；熒惑逆行，守軒轅，四旬乃去。庚申，月掩畢大星。十月癸未，太白與熒惑合，遂入南斗。五年二月壬午，太白掩昴；五月辛酉，入畢口；八月壬午，犯軒轅大星。九月癸巳〔一一〕，熒惑犯太微上將。六年二月丁丑，犯畢大星。丁亥，月出無光，犯熒惑于太微，頃之，乃稍有光，遂犯左執法；丙申，掩牽牛南星，遂犯歲星。牽牛，揚州分。

大中十一年八月，熒惑犯東井。

咸通十年春，熒惑逆行，守心。

乾符二年四月庚辰，太白晝見在昴。三年七月，常星晝見。四年七月，月犯房。六年冬，歲星入南斗魁中。占曰：「有反臣。」

光啓二年四月，熒惑犯月角。

文德元年七月丙午，月入南斗。八月，熒惑守輿鬼。占曰：「多戰死。」

龍紀元年七月甲辰，月犯心。

乾寧二年七月癸亥，熒惑犯心。

光化二年，鎮星入南斗。三年八月壬申，太白應見在氐，不見，至九月丁亥乃見，是謂當出不出。十一月丁未，太白犯月，因晝見。

天復元年五月自丁酉至于己亥，太白晝見經天，在井度。十月，大角五色散搖，煌煌如火。占曰：「王者惡之。」二年五月甲子，太白襲熒惑在軒轅后星上，太白遂犯端門，又犯長垣中星。占曰：「賊臣謀亂，京畿大戰。」十月甲戌，太白夕見在斗，去地一丈而墜。占曰：「兵聚其下。」又曰：「山摧石裂，大水竭。」庚子，辰星見氐中，小而不明。占曰：「負海之國大水。」是歲，鎮星守虛。三年二月始去虛。十一月丙戌〔三〕，太白在南斗，去地五尺許，色小而黃，至明年正月乃高十丈，光芒甚大。是冬，熒惑徘徊于東井間，久而不去。京師分也。

天祐元年二月辛卯，太白夕見昴西，色赤，炎燄如火；壬辰，有三角如花而動搖。占曰：「有反，城有火災，胡兵起。」六月甲午，太白在張，芒角甚大；癸丑，句巳，犯水位。自夏及秋，大角五色散搖，煌煌然。占同天復初。三年八月丙午，歲星在哭星上，生黃白氣如孛狀。

五星聚合

武德元年七月丙午，鎮星、太白、辰星聚于東井。關中分也。二年三月丙申，鎮星、太白、辰星復聚于東井。九年六月己卯，歲星、辰星合于東井。占曰：「爲變謀。」

貞觀十八年五月，太白、辰星合于東井。占曰：「爲兵謀。」十九年六月丙辰，太宗征高麗，次安市城，太白、辰星合于東井。史記曰，太白爲主，辰星爲客，出相從而兵在野爲戰。

永徽元年七月辛酉，歲星、太白合于柳。在秦分。占曰：「兵起。」

景龍元年十月丙寅，太白、熒惑合于虛、危。占曰：「有喪。」

景雲二年七月，鎮星、太白合于張。占曰：「內兵。」

太極元年四月，熒惑、太白合于東井。

天寶九載八月，五星聚于尾、箕，熒惑先至而又先去。尾、箕，燕分也。占曰：「有德則慶，無德則殃。」十四載二月，熒惑、太白鬬于畢、昴、井、鬼間，至四月乃伏。十五載五月，熒惑、鎭星同在虛、危，中天芒角大動搖。占者以爲北方之宿，子午相衝，災在南方。

至德二載四月壬寅，歲星、熒惑、太白、辰星聚于鶉首，從歲星也。罰星先去，而歲星留。占曰：「歲星、熒惑爲陽，太白、辰星爲陰。陰主外邦，陽主中邦，陽與陰合，中外相連以兵。」八月，太白芒怒，掩歲星于鶉火，又晝見經天。鶉火，周分也。

乾元元年四月，熒惑、鎭星、太白聚于營室。太史南宮沛奏：「其地戰不勝。」衞分也。

大曆三年七月壬申，五星並出東方。占曰：「中國利。」八年閏十一月壬寅，太白、辰星合于危。齊分也。十年正月甲寅，歲星、熒惑合于南斗。占曰：「饑、旱。」吳、越分也。一曰：「不可用兵。」七月庚辰〔三〕，太白、辰星合于柳。京師分也。

建中二年六月，熒惑、太白鬬于東井。四年六月，熒惑、太白復鬬于東井。京師分也。金、火罰星鬬者，戰象也。

興元元年春，熒惑守歲星在角、亢。占曰：「有反臣。」角、亢，鄭也。

貞元四年五月乙亥，歲星、熒惑、鎭星聚于營室。占曰：「其國亡。」地在衞分。六年閏三月庚申，太白、辰星合于東井。占爲兵憂。戊寅，熒惑犯鎭星在奎。魯分也。

元和九年十月辛未，熒惑犯鎭星，又與太白合于女。在齊分。十年六月辛未〔四〕，歲星、熒惑、太白、辰星合于東井。占曰：「中外相連以兵。」十一年五月丁卯，歲星、辰星合于東井；六月己未，復合于東井。占曰：「爲變謀而更事。」十一月戊子，鎭星、熒惑合于虛、危。十二月，鎭星、太白、辰星聚于危。皆齊分也。十四年八月丁丑〔三〕，歲星、太白、辰星聚于軫。占曰：「兵喪。」在楚分與南方夷貊之國。十五年三月，鎭星、太白合于奎。占曰：「內兵。」徐州分也。十二月，熒惑、鎭星合于奎。占曰：「主憂。」

長慶二年二月甲戌，歲星、熒惑合于南斗。占曰：「饑、旱。」八月丙寅，熒惑犯鎭星在昴、畢，因留相守。占曰：「主憂。」四年八月庚辰，熒惑犯鎭星于東井，鎭星既失行犯鉞，而熒惑復往犯之。占曰：「內亂。」

寶曆二年八月丁未，熒惑、鎭星復合于東井、輿鬼間。

大和二年九月，歲星、熒惑、鎭星聚于七星。三年四月壬申，歲星犯鎭星。占曰：「饑。」四年五月丙午〔四〕，歲星、太白合于東井。六年正月，太白、熒惑合于羽林。十月，太白、熒惑、鎭星聚于軫。八年七月庚寅〔五〕，太白、熒惑合相犯，推曆度在翼，近太微。占曰：「兵起。」

開成三年六月丁亥，太白犯熒惑于張。占曰：「有喪。」四年正月丁巳，熒惑、太白、辰星聚于南斗，推曆度在燕分。占曰：「內外兵喪，改立王公。」冬，歲星、熒惑俱逆行失色，合于東井。京師分也。

會昌二年六月乙丑，熒惑犯歲星于翼。占曰：「旱。」四年十月癸未，太白、熒惑合于南斗。

咸通中，熒惑、鎭星、太白、辰星聚于畢、昴，在趙、魏之分。詔鎭州王景崇被衮冕，軍府稱臣以厭之。

文德元年八月，歲星、鎭星、太白聚于張，周分也。占曰：「內外有兵。」爲河內、河東地。

光化三年十月，太白、鎭星合于南斗。占曰：「吳、越有兵。」

校勘記

〔一〕十九年七月壬午　舊書卷三六天文志和唐會要卷四三俱作「九月二十四日（己丑）」。

〔二〕五月戊子　舊書卷三六天文志和唐會要卷四三俱作「六月二日」。又二十史朔閏表是年五月丁巳朔，無戊子；六月丁亥朔，二日戊子。本書疑誤。

〔三〕六月戊申　按二十史朔閏表，是年六月庚午朔，無戊申。

〔四〕二年五月庚申　按二十史朔閏表，是年五月辛酉朔，無庚申。

〔五〕三年十月戊寅　按二十史朔閏表，是年十月甲申朔，無戊寅。

〔六〕太極元年三月壬申　各本原無「太極元年」四字。按唐會要卷四三此事繫在太極元年，舊書卷三六天文志作「太極元年三月三日」；又按二十史朔閏表，太極元年三月庚午朔，三日壬申。據補。

〔七〕八月己酉　按二十史朔閏表，是年八月戊午朔，無己酉。

〔八〕癸未　舊書卷三六天文志作「九月癸未」，本書繫在七月下，疑「癸未」上脫「九月」二字。

〔九〕癸丑　舊書卷三六天文志作「閏十一月癸丑」，本書繫在十一月下。按二十史朔閏表，是年十一月壬申朔，無癸丑；閏十一月壬寅朔，十二日癸丑。疑「癸丑」上脫「閏十一月」四字。

〔一〇〕癸酉　舊書卷三六天文志作「十二月癸酉」。按二十史朔閏表，是年十二月辛未朔，三日癸酉，此上疑脫「十二月」三字。

〔一一〕八月戊辰　舊書卷三六天文志「戊辰」作「戊子」。按二十史朔閏表，是年八月壬戌朔，七日戊辰，二十七日戊子。據本卷所記月球運行情況推算，「辰」字疑誤。

〔一二〕戊戌　按二十史朔閏表，是年五月辛亥朔，無戊戌。

〔一三〕二十一年正月己酉　按二十史朔閏表，是年正月辛未朔，無己酉。

〔一四〕壬辰　按二十史朔閏表，是年七月丙午朔，無壬辰。

〔一五〕乙巳　舊書卷一五憲宗紀作「九月甲辰，熒惑近哭星」。按二十史朔閏表，八月壬子朔，無乙巳；九月壬午朔，二十三日甲辰，二十四日乙巳。本書疑脫「九月」二字。

〔一六〕五月丙戌　舊書卷三六天文志「丙戌」作「庚寅」。按二十史朔閏表，是年五月戊寅朔，九日丙戌，十三日庚寅。據本卷所記月球運行情況推算，此疑誤。

〔一七〕三月癸丑　按二十史朔閏表，是年三月壬戌朔，無癸丑。

〔一八〕七月戊子　舊書卷三六天文志「戊子」作「己巳」。按二十史朔閏表，七月庚戌朔，無戊子，二十日己巳。此疑誤。

〔一九〕甲寅　按二十史朔閏表，是年五月丁巳朔，無甲寅。

〔二〇〕會昌元年閏八月丁酉　舊書卷三六天文志、合鈔卷五二和唐會要卷四三「閏八月」俱作「閏九月」。按二十史朔閏表，是年閏九月。此疑誤。

〔二一〕九月癸巳　唐會要卷四三作「九月二十九日」。按二十史朔閏表，九月乙巳朔，二十九日癸酉。是月無癸巳，此疑誤。

〔二二〕十一月丙戌　按二十史朔閏表，是年十一月丁酉朔，無丙戌。

〔二三〕七月庚辰　按二十史朔閏表，是年七月壬辰朔，無庚辰。

〔二四〕十年六月辛未　按二十史朔閏表，是年六月辛丑朔，無辛未。

〔二五〕十四年八月丁丑　按二十史朔閏表，是年八月丁未朔，無丁丑。

〔二六〕四年五月丙午　按二十史朔閏表，是年五月甲戌朔，無丙午。

〔二七〕八年七月庚寅　按二十史朔閏表，是年七月甲辰朔，無庚寅。

唐書卷三十四

志第二十四

五行一

萬物盈於天地之間，而其爲物最大且多者有五：一曰水，二曰火，三曰木，四曰金，五曰土。其用於人也，非此五物不能以爲生，而闕其一不可，是以聖王重焉。夫所謂五物者，其見象於天也爲五星，分位於地也爲五方，行於四時也爲五德，稟於人也爲五常，播於音律爲五聲，發於文章爲五色，而總其精氣之用謂之五行。

自三代之後，數術之士興，而爲災異之學者務極其說，至舉天地萬物動植，無大小，皆推其類而附之於五物，曰五行之屬。以謂人稟五行之全氣以生，故於物爲最靈。其餘動植之類，各得其氣之偏者，其發爲英華美實、氣臭滋味、羽毛鱗介、文采剛柔，亦皆得其一氣之盛。至其爲變怪非常，失其本性，則推以事類吉凶影響，其說尤爲委曲繁密。

蓋王者之有天下也，順天地以治人，而取材於萬物以足用。若政得其道，而取不過度，則天地順成，萬物茂盛，而民以安樂，謂之至治。若政失其道，用物傷夭，民被其害而愁苦，則天地之氣沴，三光錯行，陰陽寒暑失節，以爲水旱、蝗螟、風雹、雷火、山崩、水溢、泉竭、雪霜不時、雨非其物，或發爲氛霧、虹蜺、光怪之類，此天地災異之大者，皆生於亂政。而考其所發，驗以人事，往往近其所失，而以類至。然時有推之不能合者，豈非天地之大，固有不可知者邪？若其諸物種類，不可勝數，下至細微家人里巷之占，有考於人事而合者，有漠然而無所應者，皆不足道。

語曰：「迅雷風烈必變。」蓋君子之畏天也，見物有反常而爲變者，失其本性，則思其有以致而爲之戒懼，雖微不敢忽而已。至爲災異之學者不然，莫不指事以爲應。及其難合，則旁引曲取而遷就其說。蓋自漢儒董仲舒、劉向與其子歆之徒，皆以春秋、洪範爲學，而失聖人之本意。至其不通也，父子之言自相戾，可勝歎哉！昔者箕子爲周武王陳禹所有洪範之書，條其事爲九類，別其說爲九章，謂之「九疇」。考其說初不相附屬，而向爲五行傳，乃取其五事、皇極、庶證附於五行。以爲八事皆屬五行歟，則至於八政、五紀、三德、稽疑、福、極之類，又不能附，至俾洪範之書失其倫理，有以見所謂旁引曲取而遷就其說也。然自漢以來，未有非之者。又其祥眚禍痾之說，自其數術之學，故略存之，庶幾深識博聞之士有以考而擇焉。

夫所謂災者，被於物而可知者也，水旱、螟蝗之類是已。異者，不可知其所以然者也，日食、星孛、五石、六鷁之類是已。孔子於春秋，記災異而不著其事應，蓋愼之也。以謂天道遠，非諄諄以諭人，而君子見其變，則知天之所以譴告，恐懼脩省而已。若推其事應，則有合有不合，有同有不同。至於不合不同，則將使君子怠焉，以爲偶然而不懼。此其深意也。蓋聖人愼而不言如此，而後世猶爲曲說以妄意天，此其不可以傳也。故考文武德以來，略依洪範五行傳，著其災異，而削其事應云。

五行傳曰：「田獵不宿，飮食不享，出入不節，奪民農時，及有姦謀，則木不曲直。」謂生不暢茂，多折槁，及爲變怪而失其性也。又曰：「貌之不恭，是謂不肅。厥咎狂，厥罰常雨，厥極凶。時則有服妖，時則有龜孽，時則有雞禍，時則有下體生上之痾，時則有青眚青祥、鼠妖，惟金沴木。」

木不曲直。

武德四年，亳州老子祠枯樹復生枝葉。老子，唐祖也。占曰：「枯木復生，權臣執政。」眭孟以爲有受命者。九年三月，順天門樓東柱已傾毀而自起。占曰：「木仆而自起，國之災。」

永徽二年十一月甲申，陰霧凝凍封樹木，數日不解。劉向以爲木少陽，貴臣象。此人將有害，則陰氣脅木先寒，故得雨而冰也。亦謂之樹介，介，兵象也。

顯慶四年八月，有毛桃樹生李。李，國姓也。占曰：「木生異實，國主殃。」

麟德元年十二月癸酉，氛霧終日不解。甲戌，雨木冰。

儀鳳三年十一月乙未，昏霧四塞，連夜不解。丙申，雨木冰。

垂拱四年三月，雨桂子于台州，旬餘乃止。占曰：「天雨草木，人多死。」

長壽二年十月，萬象神宮側檉杉皆變爲柏。柏貫四時，不改柯易葉，有士君子之操；檉杉柔脆，小人性也。象小人居君子之位。

延載元年十月癸酉，白霧，木冰。

景龍四年三月庚申，雨木冰。

景雲二年，高祖故第有柿樹，自天授中枯死，至是復生。

開元二十一年六月，蓬州枯楊生李枝，有實，與顯慶中毛桃生李同。二十九年，亳州老子祠枯樹復榮。是年十一月己巳，寒甚，雨木冰，數日不解。

永泰元年三月庚子，夜霜，木有冰。

大曆二年十一月，紛霧如雪，草木冰。九年，晉州神山縣慶唐觀枯檜復生。

興元元年春，亳州眞源縣有李樹，植已十四年，其長尺有八寸，至是枝忽上聳，高六尺，周迴如蓋九尺餘。李，國姓也。占曰：「木生枝聳，國有寇盜。」是歲，中書省枯柳復榮。

貞元元年十二月，雨木冰。四年正月，雨木于陳留，十里許，大如指，長寸餘，中空，所下者立如植。木生于下，而自上隕者，上下易位之象；碎而中空者，小人象；如植者，自立之象。二十年冬，雨木冰。

元和十五年九月己酉，大雨，樹無風而摧者十五六。近木自拔也。占曰：「木自拔，國將亂。」

長慶三年十一月丁丑，雨木冰；成都栗樹結實，食之如李。

寶曆元年十一月丙申，雨木冰。

大和三年，成都李樹生木瓜，空中不實。七年十二月丙戌，夜霧，木冰。

開成四年九月辛丑，雨雪，木冰。十月己巳，亦如之。

會昌元年十二月丁丑，雨木冰。四年正月己酉，雨木冰。庚戌，亦如之。

咸通十四年四月，成都李實變爲木瓜。時人以爲：李，國姓也；變者，國奪於人之象。

廣明二年春，眉州有檀樹已枯倒，一夕復生。

常雨。

武德六年秋，關中久雨。少陽曰暘，少陰曰雨，陽德衰則陰氣勝，故常雨。

貞觀十五年春，霖雨。

永徽六年八月，京城大雨。

顯慶元年八月，霖雨，更九旬乃止。

開元二年五月壬子，久雨，禜京城門。十六年九月，關中久雨，害稼。

天寶五載秋，大雨。十二載八月，久雨。十三載秋，大霖雨，害稼，六旬不止。九月，閉坊市北門，蓋井，禁婦人入街市，祭玄冥太社，禜明德門，壞京城垣屋殆盡，人亦乏食。

至德二載三月癸亥，大雨，至甲戌乃止。

上元元年四月，雨，訖閏月乃止。二年秋，霖雨連月，渠竇生魚。

永泰元年九月丙午，大雨，至于丙寅。

大曆四年四月，雨，至于九月，閉坊市北門，置土臺，臺上置壇，立黃幡以祈晴。六年八月，連雨，害秋稼。

貞元二年正月乙未，大雨雪，至于庚子，平地數尺，雪上黃黑如塵。五月乙巳，雨，至于丙申。時大飢，至是麥將登，復大雨霖，衆心恐懼。十年春，雨，至閏四月，間止不過一二日。十一年秋，大雨。十九年八月己未，大霖雨。

元和四年四月，册皇太子寧，以雨霑服罷。十月，再擇日册，又以雨霑服罷。近常雨也。六年七月，霖雨害稼。十二年五月，連雨。八月壬申，雨，至于九月戊子。十五年二月癸未，大雨。八月，久雨，閉坊市北門。宋、滄、景等州大雨，自六月癸酉至于丁亥，廬舍漂沒殆盡。

寶曆元年六月，雨，至于八月。

大和四年夏，鄆、曹、濮等州雨，壞城郭廬舍殆盡。五年正月庚子朔，京城陰雪，彌旬。

開成五年七月，霖雨，葬文宗，龍輴陷不能進。

大中十年四月，雨，至于九月。

咸通九年六月，久雨，禁明德門。

乾符五年秋，大霖雨，汾、澮及河溢流害稼。

廣明元年秋八月，大霖雨。

天復元年八月，久雨。

服妖。

唐初，宮人乘馬者，依周舊儀，著羃䍦，全身障蔽，永徽後，乃用帷帽，施裙及頸，頗爲淺露，至神龍末，羃䍦始絕，皆婦人預事之象。

太尉長孫无忌以烏羊毛爲渾脫氈帽，人多效之，謂之「趙公渾脫」。近服妖也。

高宗嘗內宴，太平公主紫衫、玉帶、皂羅折上巾，具紛礪七事，歌舞于帝前。帝與武后笑曰：「女子不可爲武官，何爲此裝束？」近服妖也。

武后時，嬖臣張易之爲母臧作七寶帳，有魚龍鸞鳳之形，仍爲象牀、犀簟。

安樂公主使尚方合百鳥毛織二裙，正視爲一色，傍視爲一色，日中爲一色，影中爲一色，而百鳥之狀皆見，以其一獻韋后。公主又以百獸毛爲韉面，韋后則集鳥毛爲之，皆具其鳥獸狀，工費巨萬。公主初出降，益州獻單絲碧羅籠裙，縷金爲花鳥，細如絲髮，大如黍米，眼鼻觜甲皆備，瞭視者方見之。皆服妖也。自作毛裙，貴臣富家多效之，江、嶺奇禽異獸毛羽採之殆盡。

韋后妹嘗爲豹頭枕以辟邪，白澤枕以辟魅，伏熊枕以宜男，亦服妖也。

景龍三年十一月，郊祀，韋后爲亞獻，以婦人爲齋娘，以祭祀之服執事。近服妖也。

中宗賜宰臣宗楚客等巾子樣，其制高而踣，卽帝在藩邸時冠也，故時人號「英王踣」。踣，顚仆也。

開元二十五年正月，道士尹愔爲諫議大夫，衣道士服視事，亦服妖也。

天寶初，貴族及士民好爲胡服胡帽，婦人則簪步搖釵，衿袖窄小。楊貴妃常以假鬢爲首飾，而好服黃裙。近服妖也。時人爲之語曰：「義髻拋河裏，黃裙逐水流。」

元和末，婦人爲圓鬟椎髻，不設鬢飾，不施朱粉，惟以烏膏注脣，狀似悲啼者。圓鬟者，上不自樹也；悲啼者，憂恤象也。

文宗時，吳、越間織高頭草履，纖如綾縠，前代所無。履，下物也，織草爲之，又非正服，而被以文飾，蓋陰斜闒茸泰侈之象。

乾符五年，雒陽人爲帽，皆冠軍士所冠者。又內臣有刻木象頭以裹幞頭，百官效之，工門如市，度木斫之曰：「此斫尚書頭，此斫將軍頭，此斫軍容頭。」近服妖也。

僖宗時，內人束髮極急，及在成都，蜀婦人效之，時謂爲「囚髻」。

唐末，京都婦人梳髮以兩鬢抱面，狀如椎髻，時謂之「拋家髻」。又世俗尙以琉璃爲釵釧。近服妖也。拋家、流離，皆播遷之兆云。

昭宗時，十六宅諸王以華侈相尚，巾幘各自爲制度，都人倣之，則曰：「爲我作某王頭。」識者以爲不祥。

龜孽。

大足初，虔州獲龜，六眼，一夕而失。

肅宗上元二年，有鼉聚于揚州城門上，節度使鄧景山以問族弟珽，對曰：「鼉，介物，兵象也。」

貞元三年，潤州魚鼈蔽江而下，皆無首。

大和三年，魏博管內有蟲，狀如龜，其鳴晝夜不絕。近龜孽也。

秦宗權在蔡州，州中地忽裂，有石出，高五六尺，廣袤丈餘，正如大龜。

雞禍。

垂拱三年七月，冀州雌雞化爲雄。

永昌元年正月，明州雌雞化爲雄。八月，松州雌雞化爲雄。

景龍二年春，滑州匡城縣民家雞有三足。京房易妖占曰：「君用婦言，則雞生妖。」

玄宗好鬬雞，貴臣、外戚皆尙之，貧者或弄木雞，識者以爲：雞，酉屬，帝生之歲也；鬬者，兵象。近雞禍也。

大中八年九月，考城縣民家雄雞化爲雌，伏子而雄鳴。化爲雌，王室將卑之象，反雌伏也。漢宣帝時，雌雞化爲雄，至元帝而王氏始萌，蓋馴致其禍也。

咸通六年七月，徐州彭城民家雞生角。角，兵象；雞，小畜，猶賤類也。

咸通十四年七月，宋州襄邑有獵者得雉，五足，三足出背上。足出于背者，下干上之象；五足者，衆也。

下體生上之痾。

青眚青祥。

貞觀十七年四月，立晉王爲太子，有青氣繞東宮殿。始册命而有祲，不祥。十八年六月壬戌，有青黑氣廣六尺，貫于辰戌，其長亙天。

大和九年，鄭注篋中藥化爲蠅數萬飛去。注始以藥術進，化爲蠅者，敗死之象。近青眚也。

乾元三年六月，昏，西北有青氣三。

鼠妖。

武德元年秋，李密、王世充隔洛水相拒，密營中鼠，一夕渡水盡去。占曰：「鼠無故皆夜去，邑有兵。」

貞觀十三年，建州鼠害稼。二十一年，渝州鼠害稼。

顯慶三年，長孫无忌第有大鼠見於庭，月餘出入無常，後忽然死。

龍朔元年十一月，洛州猫鼠同處。鼠隱伏象盜竊，猫職捕嚙，而反與鼠同，象司盜者廢職容姦。

弘道初，梁州倉有大鼠，長二尺餘，爲猫所嚙，數百鼠反嚙猫。少選，聚萬餘鼠，州遣人捕擊殺之，餘皆去。

景雲中，有蛇鼠鬭于右威衞營東街槐樹，蛇爲鼠所傷。鬭者，兵象。

景龍元年，基州鼠害稼。

開元二年，韶州鼠害稼，千萬爲羣。

天寶元年十月，魏郡猫鼠同乳。同乳者，甚于同處。

大曆十三年六月，隴右節度使朱泚於兵家得猫鼠同乳以獻。

大和三年，成都猫鼠相乳。

開成四年，江西鼠害稼。

咸通十二年正月，汾州孝義縣民家鼠多銜蒿芻巢樹上。鼠穴居，去穴登木，賤人將貴之象。

乾符三年秋，河東諸州多鼠，穴屋、壞衣，三月止。鼠，盜也，天戒若曰：「將有盜矣。」

乾寧末，陝州有蛇鼠鬬于南門之內，蛇死而鼠亡去。

金沴木。

武德元年八月戊戌，突厥始畢可汗衙帳無故自壞。

中宗即位，金雞竿折。樹雞竿所以肆赦，始發大號而雞竿折，不祥。

神龍中，有羣狐入御史大夫李承嘉第，其堂無故壞；又秉筆而管直裂，易之又裂。

開元五年正月癸卯，太廟四室壞。

天寶十四載十二月，哥舒翰帥師守潼關，前軍啓行，牙門旗至坊門，觸落槍刃，衆以爲不祥。

永泰二年三月辛酉，中書敕庫壞。

貞元四年正月庚戌朔，德宗御含元殿受朝賀，質明，殿階及欄檻三十餘間自壞，衞士死者十餘人。含元路寢，大朝會之所御也；正月朔，一歲之元。王者之事，天所以儆者重矣。

大和九年，鄭注爲鳳翔節度使，將之鎮，出開遠門，旗竿折。

光啓初，揚州府署門屋自壞，故隋之行臺門也，制度甚宏麗云。

五行傳曰：「棄法律，逐功臣，殺太子，以妾爲妻，則火不炎上。」謂火失其性而爲災也。京房易傳曰：「上不儉，下不節，盛火數起，燔宮室。」蓋火主禮云。又曰：「視之不明，是謂不哲。厥咎舒，厥罰常燠，厥極疾。時則有草妖，時則有羽蟲之孽，時則有羊禍，時則有目痾，時則有赤眚赤祥，惟水沴火。」

火不炎上。

貞觀四年正月癸巳，武德殿北院火。十三年三月壬寅，雲陽石燃，方丈，晝則如灰，夜則有光，投草木則焚，歷年乃止。火失其性而沴金也。二十三年三月，甲弩庫火。

永徽五年十二月乙巳，尚書司勳庫火。

顯慶元年九月戊辰，恩州、吉州火，焚倉廩、甲仗、民居二百餘家。十一月己巳，饒州火。

證聖元年正月丙申夜，明堂火，武太后欲避正殿，徹樂。宰相姚璹以爲火因人，非天災也，不宜貶損。后乃御端門觀酺，引建章故事，復作明堂以厭之。是歲，內庫災，燔二百餘區。

萬歲登封元年三月壬寅，撫州火。

久視元年八月壬子，平州火，燔千餘家。

景龍四年二月，東都凌空觀災。

開元五年十一月乙卯，定陵寢殿火。是歲，洪州、潭州災，延燒州署，州人見有物赤而暾暾飛來，旋即火發。十五年七月甲戌，興教門樓柱災。是年，衡州災，延燒三百餘家，州人見有物大如甕，赤如燭籠，所至火即發。十八年二月丙寅，大雨雪，俄而雷震，左飛龍廄災。占曰：「天火燒廄，兵大起。」十月乙丑，東都宮佛光寺火。

天寶二年六月，東都應天門觀災，延燒左、右延福門，經日不滅。京房易傳曰：「君不思道,天火燔其宮室。」九載三月,華岳廟災,時帝將封西嶽,以廟災乃止。十載八月丙辰,武庫災,燔兵器四十餘萬。武庫,甲兵之本也。

寶應元年十二月己酉,太府左藏庫火。

廣德元年十二月辛卯夜,鄂州大風,火發江中,焚舟三千艘,延及岸上民居二千餘家,死者數千人。

大曆十年二月,莊嚴寺浮圖災。初有疾風震電,俄而火從浮圖中出。

貞元元年,江陵度支院火,焚江東租賦百餘萬。十三年正月,東都尚書省火。十九年四月,家令寺火。

二年七月,洪州火,燔民舍萬七千家〔一〕。元和七年六月,鎭州甲仗庫災,主吏坐死者百餘人。八年,江陵大火。十一年十一月甲戌,元陵火。李師道起宮室於鄆州,將謀亂,既成而火。

大和二年十一月甲辰,禁中昭德寺火,延至宣政東垣及門下省,宮人死者數百人。三年十月癸丑,仗內火。四年三月,陳州、許州火,燒萬餘家。十月,浙西火。十一月,揚州海陵火。八年三月,揚州火。皆燔民舍千區。五月己巳,飛龍神駒中廄火。十月,揚州市火,燔民舍數千區。十二月,禁中昭成寺火。

開成二年六月，徐州火，延燒民居三百餘家。四年十二月乙卯，乾陵火。丁丑晦，揚州市火，燔民舍數千家。

會昌元年五月，潞州市火。三年六月，西內神龍寺火；萬年縣東市火，焚廬舍甚衆。六年八月，葬武宗，辛未，靈駕次三原縣，夜大風，行宮幔城火。

乾符四年十月，東都聖善寺火。

大順二年六月乙酉，幽州市樓災，延及數百步。七月癸丑甲夜，汴州相國寺佛閣災。是日暮，微雨震電，或見有赤塊轉門譙藤網中，周而火作。頃之，赤塊北飛，轉佛閣藤網中，亦周而火作。既而大雨暴至，平地水深數尺，火益甚，延及民居，三日不滅。

常燠。

天寶元年冬，無冰。先儒以爲陰失節也。又曰：「知罪不誅，其罰燠，夏則暑殺人，冬則物華實。」蓋當寒反燠，象宜刑而賞之也。

貞元十四年夏，大燠。

元和九年六月，大燠。

長慶二年冬，少雪，水不冰凍，草木萌荑如正月。

廣明元年十一月，暖如仲春。

草妖。

武德四年，益州獻芝草如人狀。占曰：「王德將衰，下人將起，則有木生爲人狀。」草，亦木類也。

景龍二年，岐州郿縣民王上賓家，有苦蕒菜高三尺餘，上廣尺餘，厚二分。近草妖也。三年，內出蒜條，上重生蒜。蒜，惡草也；重生者，其類衆也。四年，京畿藍田山竹實如麥。占曰：「大饑。」

開元二年，終南山竹有華，實如麥，嶺南亦然，竹並枯死，是歲大饑，民採食之。占曰：「國中竹、柏枯，不出三年有喪。」十七年，睦州竹實。

天寶初，臨川郡人李嘉胤屋柱生芝草，狀如天尊像。

上元二年七月甲辰，延英殿御座上生白芝，一莖三花。白，喪象也。

大和九年冬，鄭注之金帶有菌生。近草妖也。

開成四年六月，襄州山竹有實成米，民採食之。

光啓元年七月，河中解、永樂生草，葉自相樛結，如旌旗之狀，時人以爲「旗子草」。一年七月，鳳翔麟游草生如旗狀。占曰：「其野有兵。」

羽蟲之孽。

武德初，隋將堯君素守蒲州，有鵲巢其砲機。

貞觀十七年春，齊王祐爲齊州刺史，好畜鴨，有狸齧鴨，頭斷者四十餘。是歲四月丙戌，立晉王爲太子，雌雉集太極殿前，雄雉集東宮顯德殿前。太極，三朝所會也。

永徽四年，宋州人蔡道基舍傍有獸高丈餘，頭類羊，一角，鹿形，馬蹄，牛尾，五色，有翅。占曰：「鳥如畜形者，有大兵。」五年七月辛巳，萬年宮有小鳥如雀，生子大如鳲鳩。

調露元年，鳴鷄羣飛入塞，相繼蔽野，至二年正月，還復北飛，至靈夏北，悉墮地而死，視之皆無首。

文明後，天下屢奏雌雉化爲雄，或半化者。

景龍四年六月辛巳朔，烏集太極殿梁，驅之不去。

開元十三年十一月戊子，雄雉馴飛泰山齋宮內。封禪，所以告成功，祀事無重於此者，而野鳥馴飛，不忌禁衞，不祥。二十五年四月，濮州兩烏、兩鵲、兩鸜鵒同巢。隴州鵲哺慈烏。二十八年四月庚辰，慈烏巢宣政殿栱。辛巳，又巢宣政殿栱。

天寶十三載，葉縣有鵲巢于車轍中。不巢木而巢地，失其所也。

至德二載三月，安祿山將武令珣圍南陽，有鵲巢于城中砲機者三，雛成乃去。

大曆八年九月，武功獲大鳥，肉翅狐首，四足有爪，長四尺餘，毛赤如蝙蝠，羣鳥隨而噪之。近羽蟲孽也。十三年五月，左羽林軍有鸜鵒乳鵲二。

貞元四年三月，中書省梧桐樹有鵲以泥爲巢。鵲巢知歲次，於羽蟲爲有知，今以泥露巢，遇風雨壞矣。是歲夏，鄭、汴境內烏皆羣飛，集魏博田緒、淄青李納境內，銜木爲城，高二三尺，方十里。緒、納惡而焚之，信宿又然，烏口皆流血。九年春，許州鵲哺烏雛。十年四月，有大鳥飛集宮中，食雜骨數日，獲之，不食死。六月辛未晦，水鳥集左藏庫。十三年十月，懷州鶻鳩巢內有黃雀往來哺食。十四年秋，有異鳥，色青，類鳩、鵲，見於宋州郊外，所止之處，羣鳥翼衞，朝夕嗛稻粱以哺之，睢陽人適野聚觀者旬日。十八年六月，烏集徐州之滕縣，嗛柴爲城，中有白烏一，碧烏一。

元和元年，常州鸛巢于平地。四年十二月，羣烏夜集于太行山上。十三年春，淄青府署及城中烏、鵲互取其雛，各以哺子，更相搏擊，不能禁。

寶曆元年十一月丙申，羣烏夜鳴。

開成元年閏五月丙戌，烏集唐安寺，逾月散。雀集玄法寺，燕集蕭望之冢。二年三月，眞興門外鵲巢於古冢。鵲巢知避歲，而古占又以高下卜水旱，今不巢于木而穴于冢，不祥。秋，突厥烏自塞北羣飛入塞。五年六月，有禿鶖羣飛集禁苑。鶖，水鳥也。

會昌元年，潞州長子有白頸烏與鵲鬬。

大中十年三月，舒州吳塘堰有衆禽成巢，闊七尺，高一尺。水禽山鳥，無不馴狎。中有如人面、綠毛、紺爪觜者，其聲曰「甘」，人謂之甘蟲。占曰：「有鳥非常，來宿于邑中，國有兵，人相食。」

咸通七年，涇州靈臺百里戍有雀生燕，至大俱飛去。京房易傳曰：「賊臣在國，厥妖燕生雀。」雀生燕同說。十一年夏，雉集河內縣署。咸通中，吳、越有異鳥極大，四目三足，鳴山林，其聲曰「羅平」。占曰：「國有兵，人相食。」

乾符四年春，廬江縣北鵲巢于地。六年夏，鴟、雉集于偃師南樓及縣署。劉向說：「野鳥入處，宮室將空。」

廣明元年春，絳州翼城縣有鵂鶹鳥羣飛集縣署，衆鳥逐而噪之。光啓元年、二年，復如之。鵂鶹，一名訓狐。

中和元年三月，陳留有烏變爲鵲。二年，有鵲變爲烏。古者以烏卜軍之勝負。烏變爲鵲，民從賊之象；鵲復變爲烏，賊復爲民之象。三年，新安縣吏家捕得雉養之，與雞馴，月餘相與鬭死。四年，臨淮漣水民家鷹化爲鵝，而弗能游。鷹以鷙而擊，武臣象也；鵝雖毛羽清潔，而飛不能遠，無搏擊之用，充庖廚而已。

光啓元年十二月，陝州平陸集津山有雉二首向背而連頸者，棲集津倉廡後，數月，羣雉數百來鬭殺之。二年正月，閿鄉、湖城野雉及鳶夜鳴。七月，中條山鵲焚其巢。三年七月，鵲復焚巢。京房易傳曰：「人君暴虐，鳥焚其舍。」三年十月，慈州仵城梟與鵄鬭相殺。

光化二年，幽州節度使劉仁恭屠貝州去，夜有鵂鶹鳥十數飛入帳中，逐去復來。

昭宗時，有禿鶖鳥巢寢殿隅，帝親射殺之。

天復二年，帝在鳳翔，十一月丁巳，日南至，夜驟風，有鳥數千，迄明飛噪，數日不止。自車駕在岐，常有烏數萬棲殿前諸樹，岐人謂之神鴉。三年，宣州有鳥如雉而大，尾有火光如散星，集于戟門，明日大火，曹局皆盡，惟兵械存。

羊禍。

義寧二年三月丙辰，麟游縣有羔生而無尾。是月乙丑，太原獻羖羊，無頭而不死。

開元二年正月，原州獻肉角羊。二年三月，富平縣有肉角羊。

會昌二年春，代州崞縣羊生二首連頸，兩尾。占曰：「二首，上不一也。」

咸通三年夏，平陶民家羊生羔如犢。

乾符二年，洛陽建春門外因暴雨，有物墮地如羖羊，不食，頃之入地中，其跡月餘不滅，或以爲雨土也。占曰：「當旱。」

赤眚赤祥。

武德七年，河間王孝恭征輔公祏，宴羣帥于舟中，孝恭以金盌酌江水，將飲之，則化爲血。孝恭曰：「盌中之血，公祏授首之祥。」

武德初，突厥國中雨血三日。

光宅初，宗室岐州刺史崇眞之子橫、杭等夜宴，忽有氣如血腥。

武后時，來俊臣家井水變赤如血，井中夜有吁嗟歎惋聲，俊臣以木棧之，木忽自投十步外。

長安中，并州晉祠水赤如血。

中宗時，戚王千里家有血點地，及奩箱上有血淋瀝，腥聞數步。又中郎將東夷人毛婆羅炊飯，一夕化爲血。

景龍二年七月癸巳，赤氣際天，光燭地，三日乃止。赤氣，血祥也。

天寶六載，少陵原楊愼矜父墓封域內，草木皆流血，愼矜令浮屠史敬思禳之，退朝裸而桎梏於叢棘間，如是數旬而流血不止。十二載，李林甫第東北隅每夜火光起，或有如小兒持火出入者。近赤祥也。

寶應元年八月庚午夜，有赤光亙天，貫紫微，漸移東北，彌漫半天。

大曆十三年二月，太僕寺有泥像，左臂上有黑汗滴下，以紙承之，血也。

貞元二年十一月壬午，日沒，有赤氣五，出于黑雲中，亙天。十二年九月癸卯，夜有赤氣如火，見北方，上至北斗。十七年，福州劍池水赤如血。二十一年正月甲戌，雨赤雪于京師。

元和十四年二月，鄆州從事院門前地有血，方尺餘，色甚鮮赤，不知所從來，人以爲自空而墮也。

長慶元年七月戊午，河水赤，三日止。

寶曆元年十二月乙酉夜，西北有霧起，須臾遍天，霧止，有赤氣，或淺或深，久而乃散。

大和元年四月庚戌，北方有赤氣，中有數白氣間之。六月乙卯夜，西北有赤氣。八月癸卯，京師見赤氣滿天。二年閏三月乙卯，北方有赤氣如血。

咸通七年，鄭州永福湖水赤如凝血者三日。

乾符六年，中書政事堂忽旦有死人，血汚滿地，不知主名。又御井水色赤而腥，渫之，得一死女子腐爛。近赤祥也。

中和二年七月丙午夜，西北方赤氣如絳，際天。

光啓元年正月，潤州江水赤，凡數日。

水沴火。

幽州坊谷地常有火，長慶三年夏，遂積水爲池。近水沴火也。

校勘記

〔一〕二年七月洪州火燔民舍萬七千家　按上文曰貞元十九年，下文曰元和七年，「二年」上疑有脫文。通考卷二九八繫此事於憲宗元和二年七月。

唐書卷三十五

志第二十五

五行二

五行傳曰：「治宮室，飾臺榭，內淫亂，犯親戚，侮父兄，則稼穡不成。」謂土失其性，則有水旱之災，草木百穀不熟也。又曰：「思心不睿，是謂不聖。厥咎霿，厥罰常風，厥極凶短折。時則有脂夜之妖，時則有華孽、蠃蟲之孽，時則有牛禍，時則有心腹之痾，時則有黃眚黃祥，時則有木、火、金、水沴土。」

稼穡不成。

貞觀元年，關內饑。

總章二年，諸州四十餘饑，關中尤甚。

儀鳳四年春，東都饑。

調露元年秋，關中饑。

永隆元年冬，東都饑。

永淳元年，關中及山南州二十六饑，京師人相食。

垂拱三年，天下饑。

大足元年春，河南諸州饑。

景龍二年春，饑。三年三月，饑。

先天二年冬，京師、岐、隴、幽州饑。

開元十六年，河北饑。

乾元三年春，饑，米斗錢千五百。

廣德二年秋，關輔饑，米斗千錢。

永泰元年，饑，京師米斗千錢。

貞元元年春，大饑，東都、河南、河北米斗千錢，死者相枕。二年五月，麥將登而雨霖，米斗千錢。十四年，京師及河南饑。十九年秋，關輔饑。

元和七年春，饑。八年，廣州饑。九年春，關內饑。十一年，東都、陳許州饑。

長慶二年，江淮饑。

大和四年，河北及太原饑。六年春，劍南饑。九年春，饑，河北尤甚。

開成四年，温、台、明等州饑。

大中五年冬，湖南饑。六年夏，淮南饑，海陵、高郵民於官河中漉得異米，號「聖米」。九年秋，淮南饑。

咸通三年夏，淮南、河南饑。九年秋，江左及關內饑，東都尤甚。

乾符三年春，京師饑。

中和二年，關內大饑。四年，關內大饑，人相食。

光啓二年二月，荆、襄大饑，米斗三千錢，人相食。三年，揚州大饑，米斗萬錢。

大順二年春，淮南大饑。

天祐元年十月，京師大饑。

常風。

武德二年十二月壬子，大風拔木。易巽爲風，「重巽以申命」。其及物也，象人君誥命，其鼓動於天地間，有時飛沙揚塵，怒也，發屋拔木者，怒甚也。其占：「大臣專恣而氣盛，衆逆同志，君行蒙晦，施於事則皆傷害，故常風。」又「飄風入宮闕，一日再三，若風聲如雷觸地而起，爲兵將興。」

貞觀十四年六月乙酉，大風拔木。

咸亨四年八月己酉，大風落太廟鴟尾。

永隆二年七月，雍州大風害稼。

弘道元年十二月壬午晦，宋州大風拔木。

嗣聖元年四月丁巳，寧州大風拔木。

垂拱四年十月辛亥，大風拔木。

永昌二年五月丁亥，大風拔木。

神龍元年三月乙酉，睦州大風拔木。崔玄暐封博陵郡王也，大風折其輅蓋。二年六月乙亥，滑州大風拔木。

景龍元年七月，郴州大風，發屋拔木。八月，宋州大風拔木，壞廬舍。二年十月辛亥，滑州暴風發屋。三年三月辛未，曹州大風拔木。

開元二年六月，京師大風發屋，大木拔者十七八。四年六月辛未，京師、陝、華大風拔木。九年七月丙辰，揚州、潤州暴風雨，發屋拔木。十四年六月戊午，大風拔木發屋；端門鴟尾盡落。端門，號令所從出也。十九年六月乙酉，大風拔木。二十二年五月戊子，大風拔木。

天寶十一載五月甲子，東京大風拔木。十三載三月辛酉，大風拔木。

永泰元年三月辛亥，大風拔木。

大曆七年五月乙酉，大風拔木。十年五月甲寅，大風拔木。

貞元元年七月庚子，大風拔木。六年四月甲申，大風雨。八年五月己未，暴風發太廟屋瓦，毀門闕、官署、廬舍不可勝紀。十年六月辛未，大風拔木。十四年八月癸未，廣州大風，壞屋覆舟。

元和元年六月丙申，大風拔木。三年四月壬申，大風毀含元殿欄檻二十七間。占爲兵起。四年十月壬午，天有氣如煙，臭如燔皮，日昳大風而止。五年三月丙子，大風毀崇陵上宮衙殿鴟尾及神門戟竿六，壞行垣四十間。八年六月庚寅，京師大風雨，毀屋飄瓦，人多壓死者。丙申，富平大風，拔棗木千餘株。十二年春，青州一夕暴風自西北，天地晦冥，空中有若旌旗狀，屋瓦上如蹂躒聲。有日者占之曰：「不及五年，茲地當大殺戮。」

長慶二年正月己酉，大風霾。十月，夏州大風，飛沙爲堆，高及城堞。三年正月丁巳朔，大風，昏霾終日。四年六月庚寅，大風毀延喜門及景風門。

大和八年六月癸未，暴風壞長安縣署及經行寺塔。九年四月辛丑，大風拔木萬株，墮含元殿四鴟尾，拔殿廷樹三，壞金吾仗舍，發城門樓觀內外三十餘所，光化門西城十數雉壞。

開成三年正月戊辰，大風拔木。五年四月甲子，大風拔木；五月壬寅，亦如之；七月戊寅，亦如之。

會昌元年三月，黔南大風飄瓦。

咸通六年正月，絳州大風拔木，有十圍者。十一月己卯晦，潼關夜中大風，山如吼雷，河噴石鳴，羣烏亂飛，重關傾側。十二月，大風拔木。

乾符五年五月丁酉，大風拔木。

廣明元年四月甲申，京師及東都、汝州雨雹，大風拔木。四年六月乙巳，太原大風雨，拔木千株，害稼百里。

光化三年七月乙丑，洛州大風，拔木發屋。

天復二年，昇州大風，發屋飛大木。

夜妖。

大和九年十一月戊辰，晝晦。

咸通七年九月辛卯朔，天闇。

乾符二年二月，宣武境內黑風，雨土。

天祐元年閏四月乙未朔，大風，雨土。

華孽。

延載元年九月，內出梨華一枝示宰相。萬木搖落而生華，陰陽黷也。傳曰：「天反時爲災。」又近常燠也。

神龍二年十月，陳州李有華，鮮茂如春。

元和十一年十二月，桃杏華。

大和二年九月，徐州、滑州李有華，實可食。

會昌三年冬，沁源桃李華。

廣明元年冬，桃李華，山華皆發。

中和二年九月，太原諸山桃杏華，有實。

景福中，滄州城塹中冰有文，如畫大樹華葉芬敷者，時人以爲其地當有兵難。近華孽也。

嬴蟲之孽。

貞觀二十一年八月，萊州螟。

開元二十二年八月，榆關虸蚄蟲害稼，入平州界，有羣雀來食之，一日而盡。二十六年，榆關虸蚄蟲害稼，羣雀來食之。

三載，青州紫蟲食田，有鳥食之。

廣德元年秋，虸蚄蟲害稼，關中尤甚，米斗千錢。

貞元十年四月，江西溪澗魚頭皆戴蚯蚓。

長慶四年，絳州虸蚄蟲害稼。

大和元年秋，河東、同虢等州虸蚄蟲害稼。

開成元年，京城有蟻聚，長五六十步，闊五尺至一丈，厚五寸至一尺者。四年，河南黑蟲食田。

牛禍。

調露元年春，牛大疫。京房易傳曰：「牛少者穀不成。」又占曰：「金革動。」

長安中，有獻牛無前膊，三足而行者。又有牛膊上生數足，蹄甲皆具者。武太后從姊之子司農卿宗晉卿家牛生三角。

神龍元年春，牛疫。二年冬，牛大疫。

先天初，洛陽市有牛，左脅有人手，長一尺，或牽之以乞丐。

開元十五年春，河北牛大疫。

大曆八年，武功、櫟陽民家牛生犢，二首。

貞元二年，牛疫。四年二月，郊牛生犢，六足。足多者，下不一；郊所以奉天。七年，關輔牛大疫，死者十五六。

咸通七年，荆州民家牛生犢，五足。十五年夏，渝州江陽有水牛生驢駒，駒死。

光啓元年，河東有牛人言，其家殺而食之。二年，延州膚施有牛死復生。

黃眚黃祥。

貞觀七年三月丁卯，雨土。二十年閏三月己酉，有黃雲闊一丈，東西際天。黃爲土功。

永徽三年三月辛巳，雨土。

景龍元年六月庚午，陝州雨土。十二月丁丑，雨土。
天寶十三載二月丁丑，雨黃土。
大曆七年十二月丙寅，雨土。
貞元二年四月甲戌，雨土。八年二月庚子，雨土。
大和八年十月甲子，土霧晝昏，至于十一月癸丑。
開成元年七月乙亥，雨土。
咸通十四年三月癸巳，雨黃土。
中和二年五月辛酉，大風，雨土。
天復三年二月，雨土，天地昏霾。
天祐元年閏四月甲辰，大風，雨土。

木火金水沴土。

武德二年十月乙未，京師地震。陰盛而反常則地震，故其占爲臣彊，爲后妃專恣，爲夷犯華，爲小人道長，爲寇至，爲叛臣。七年七月，嶲州地震，山摧壅江，水噎流。
貞觀七年十月乙丑，京師地震。十二年正月壬寅，松、叢二州地震，壞廬舍。二十年九月辛亥，靈州地震，有聲如雷。二十三年八月癸酉朔，河東地震，晉州尤甚，壓殺五十餘人；乙亥，又震。十一月乙丑，又震。

永徽元年四月己巳朔，晉州地震；己卯，又震。六月庚辰，又震，有聲如雷。二年十月，又震。十一月戊寅，定襄地震。帝始封晉王，初即位而地屢震，天下將由帝而動搖象也。

儀鳳二年正月庚辰，京師地震。

永淳元年十月甲子，京師地震。

垂拱三年七月乙亥，京師地震。四年七月戊午，又震。八月戊戌，神都地震。

延載元年四月壬戌，常州地震。

大足元年七月乙亥，揚、楚、常、潤、蘇五州地震。二年八月辛亥，劍南六州地震。

景龍四年五月丁丑，剡縣地震。

景雲三年正月甲戌，并、汾、絳三州地震，壞廬舍，壓死百餘人。

開元二十二年二月壬寅，秦州地震，西北隱隱有聲，坼而復合，經時不止，壞廬舍殆盡，壓死四千餘人。二十六年三月癸巳，京師地震。

至德元載十一月辛亥朔，河西地震裂有聲，陷廬舍，張掖、酒泉尤甚，至二載三月癸亥乃止。

大曆二年十一月壬申，京師地震，自東北來，其聲如雷者。三年五月丙戌，又震。十二年，恆、定二州地大震，三日乃止，束鹿、寧晉地裂數丈，沙石隨水流出平地，壞廬舍，壓死者數百人。

建中元年四月己亥，京師地震。三年六月甲子，又震。四年四月甲子，又震。五月辛巳，又震。

貞元二年五月己酉，又震。三年十一月丁丑夜，京師、東都、蒲、陝地震。四年正月庚戌朔夜，京師地震；辛亥、壬子、丁卯、戊辰、庚午、癸酉、甲戌、乙亥，皆震，金、房二州尤甚，江溢山裂，屋宇多壞，人皆露處。二月壬午，京師又震；甲申、乙酉、丙申，三月甲寅、己未、庚午、辛未，五月丙寅、丁卯，皆震。八月甲午，又震，有聲如雷；甲辰，又震。九年四月辛酉，又震，有聲如雷，河中、關輔尤甚，壞城壁廬舍，地裂水涌。十年四月戊申，京師地震；癸丑，又震，侍中渾瑊第有樹湧出，樹枝皆戴蚯蚓。十三年七月乙未，又震。

元和七年八月，京師地震，草樹皆搖。九年三月丙辰，巂州地震，晝夜八十，壓死百餘人，地陷者三十里。十年十月，京師地震。十一年二月丁丑，又震。十五年正月，穆宗即位，戊辰，始朝羣臣於宣政殿，是夜地震。

大和二年正月壬申，地震。七年六月甲戌，又震。九年三月乙卯，京師地震，屋瓦皆墜，戶牖間有聲。

開成元年二月乙亥，又震。二年十一月乙丑夜，又震。四年十一月甲戌，又震。

會昌二年正月癸亥，宋、亳二州地震。十二月癸未，京師地震。

大中三年十月辛巳，上都及振武、河西、天德、靈武、鹽夏等州地震，壞廬舍，壓死數十人。十二年八月丁巳，太原地震。

咸通元年五月，上都地震。六年十二月，晉、絳二州地震，壞廬舍，地裂泉湧，泥出青色。八年正月丁未，河中、晉、絳三州地大震，壞廬舍，人有死者。十三年四月庚子朔，浙東、西地震。

乾符三年六月乙丑，雄州地震，至七月辛巳止，州城廬舍盡壞，地陷水湧，傷死甚衆。是月，濮州地震。十二月，京師地震有聲。四年六月庚寅，雄州地震。六年二月，京師地震，有聲如雷，藍田山裂水湧。

中和三年秋，晉州地震，有聲如雷。

光啓二年春，成都地震，月中十數。占曰：「兵、饑。」十二月，魏州地震。

乾寧二年三月庚午，河東地震。

山摧。

貞觀八年七月，隴右山摧。山者高峻，自上而隕之象也。

垂拱二年九月己巳，雍州新豐縣露臺鄉大風雨，震電，有山湧出，高二十丈，有池周三百畝，池中有龍鳳之形，禾麥之異，武后以爲休應，名曰「慶山」。荆州人俞文俊上言：「天氣不和而寒暑隔，人氣不和而贅疣生，地氣不和而堆阜出。今陛下以女主居陽位，反易剛柔，故地氣隔塞，山變爲災。陛下以爲『慶山』，臣以爲非慶也。宜側身脩德以答天譴，不然，恐災禍至。」后怒，流于嶺南。

永昌中，華州赤水南岸大山，晝日忽風昏，有聲隱隱如雷，頃之漸移東數百步，擁赤水，壓張村民三十餘家，山高二百餘丈，水深三十丈，坡上草木宛然。金縢曰：「山徙者人君不用道，祿去公室，賞罰不由君，佞人執政，政在女主，不出五年，有走王。」

開元十七年四月乙亥，大風震電，藍田山摧裂百餘步，畿內山也。國主山川，山摧川竭，亡之證也。占曰：「人君德消政易則然。」

大曆九年十一月戊戌，同州夏陽有山徙于河上，聲如雷。十三年，郴州黃芩山摧，壓死者數百人。

建中二年，霍山裂。

元和八年五月丁丑，大隗山摧。十五年七月丁未，苑中土山摧，壓死二十人。

光啓三年四月，維州山崩，累日不止，塵坌亙天，壅江水逆流。占曰：「國破。」

山鳴。

武德二年三月，太行山聖人崖有聲。占曰：「有寇至。」

開元二十八年六月，吐蕃圍安戎城，斷水路，城東山鳴石坼，湧泉二。

土爲變怪。

垂拱元年九月，淮南地生毛，或白或蒼，長者尺餘，遍居人牀下，揚州尤甚，大如馬鬣，焚之臭如燎毛。占曰：「兵起，民不安。」

長壽中，東都天宮寺泥像皆流汗霡霂。

天寶十一載六月，虢州閿鄉黄河中女媧墓因大雨晦冥，失其所在，至乾元二年六月乙未夜，瀕河人聞有風雷聲，曉見其墓踊出，下有巨石，上有雙柳，各長丈餘，時號風陵堆。占曰：「塚墓自移，天下破。」十三載，汝州葉縣南有土塊鬬，中有血出，數日不止。

大曆六年四月戊寅，藍田西原地陷。

建中初，魏州魏縣西四十里，地數畝忽長崇數尺。四年四月甲子，京師地生毛，或黃或白，有長尺餘者。

貞元四年四月，淮南及河南地生毛。

元和十二年四月，吳元濟郾城守將鄧懷金以城降，城自壞五十餘步。

大和六年二月，蘇州地震，生白毛。

長慶中，新都大道觀泥人生須數寸，拔之復生。

咸通五年十月，貞陵隧道摧陷。神策軍有浮屠像，懿宗嘗跪禮之，像沒地四尺。

五行傳曰：「好攻戰，輕百姓，飾城郭，侵邊境，則金不從革。」謂金失其性而爲變怪也。又曰：「言之不從，是謂不乂。厥咎僭，厥罰常暘，厥極憂。時則有詩妖、訛言，時則有毛蟲之孽，時則有犬禍，時則有口舌之痾，時則有白眚白祥，惟木沴金。」

金不從革。

劉武周據并州，兵勢甚盛，城上稍刃夜每有火光。

堯君素爲隋守蒲州，兵器夜皆有光如火。火鑠金，金所畏也，敗亡之象。

貞觀十七年八月，涼州昌松縣鴻池谷有石五，青質白文成字曰：「高皇海出多子李元王八十年太平天子李世民千年太子李治書燕山人士樂太國主尙汪譚奬文仁邁千古大王五王六王七王十風毛才子七佛八菩薩及上果佛田天子文武貞觀昌大聖延四方上不治示孝仙戈八爲善。」太宗遣使祭之曰：「天有成命，表瑞貞石，文字昭然，曆數惟永，旣旌高廟之業，又錫眇身之祚。迨于皇太子治，亦降貞符，具紀姓氏。甫惟寡薄，彌增寅懼。」昔魏以土德代漢，涼州石有文。石，金類，以五勝推之，故時人謂爲魏氏之妖，而晉室之瑞。唐亦土德王，石有文，事頗相類。然其文初不可曉，而後人因推已事以驗之。蓋武氏革命，自以爲金德王，其「佛菩薩」者，慈氏金輪之號也；「樂太國主」則鎭國太平公主、安樂公主，皆以女亂國；其「五王六王七王」者，唐世十八之數。

垂拱三年七月，魏州地出鐵如船數十丈。廣州雨金。金位正秋，爲刑、爲兵。占曰：「人君多殺無辜，一年兵災于朝。」

開元二十三年十二月乙巳，龍池聖德頌石自鳴，其音淸遠如鐘磬。石與金同類。春秋傳：「怨讟動于民，則有非言之物言。」石鳴，近石言也。

天寶十載六月乙亥，大同殿前鐘自鳴。占曰：「庶雄爲亂。」

至德二載，昭陵石馬汗出。昔周武帝之克晉州也，齊有石像，汗流濕地，此其類也。

乾元二年七月乙亥晝，渾天儀有液如汗下流。

上元二年，楚州獻寶玉十三：曰「玄黃天符」，形如笏，長八寸，有孔，云辟兵疫；曰「玉雞毛」，白玉也；曰「穀璧」，亦白玉也，粟粒自然，無雕鐫迹；曰「西王母白環」二；曰「如意寶珠」，大如雞卵；曰「紅靺鞨」，大如巨栗；曰「琅玕珠」二，形如玉環，四分缺一；曰「玉印」，大如半手，理如鹿，陷入印中；曰「皇后採桑鉤」，如箸屈其末；曰「雷公石斧」無孔；其一闕。凡十三。寘之日中，白氣連天。

元和中，文水武士彠碑失其龜頭。翰林院有鈴，夜中文書入，則引之以代傳呼，長慶中，河北用兵，夜輒自鳴，與軍中息耗相應，聲急則軍事急，聲緩則軍事緩。資州有石方丈，走行數畝。

大和三年，南蠻圍成都，毀玉晨殿爲礌，有吼聲三，乃止。四年五月己卯，通化南北二門鎖不可開，鑰入，如有持之者。破其管，門乃啓。又浙西觀察使王璠治潤州城隍，中得方石，有刻文曰：「山有石，石有玉，玉有瑕，瑕卽休。」

廣明元年，華岳廟玄宗御製碑隱隱然有聲，聞數里間，浹旬乃止。近石言也。

光化三年冬，武德殿前鐘聲忽嘶嗄；天復元年九月，聲又變小。

常暘。

武德三年夏，旱，至于八月乃雨。四年，自春不雨，至于七月。雨，少陰之氣，其氣毀則不雨。少陰者，金也，金爲刑、爲兵，刑不辜，兵不戢，則金氣毀，故常爲旱。火爲盛陽，陽氣彊悍，故聖人制禮以節之。禮失則僭而驕炕，以導盛陽，火勝則金衰，故亦旱。於五行，土實制水，土功興則水氣壅閼，又常爲旱。天官有東井，主水事，天漢、天江，亦水祥也。水與火仇，而受制于土，土火譎見，若日蝕過分而未至，與七曜循中道之南，皆旱祥也。七年秋，關內、河東旱。

貞觀元年夏，山東大旱。二年春，旱。三年春、夏，旱。四年春，旱。自太上皇傳位至此，而比年水旱。九年秋，劍南、關東州二十四，旱。十二年，吳、楚、巴、蜀州二十六，旱；冬，不雨，至于明年五月。十七年春、夏，旱。二十一年秋，陝、絳、蒲、夔等州旱。二十二年秋，開、萬等州旱；冬，不雨，至于明年三月。

永徽元年，京畿雍、同、絳等州十，旱。二年九月，不雨，至于明年二月。四年夏、秋，旱，光、婺、滁、潁等州尤甚。

顯慶五年春，河北州二十二，旱。

總章元年，京師及山東、江淮大旱。二年七月，劍南州十九，旱；冬，無雪。

咸亨元年春，旱；秋，復大旱。

儀鳳二年夏，河南、河北旱。三年四月，旱。

永隆二年，關中旱，霜，大饑。

永淳元年，關中大旱，饑。二年夏，河南、河北旱。

永昌元年三月，旱。

神功元年，黃、隋等州旱。

久視元年夏，關內、河東旱。

長安二年春，不雨，至于六月。三年冬，無雪，至于明年二月。

神龍二年冬，不雨，至于明年五月，京師、山東、河北、河南旱，饑。

太極元年春，旱；七月復旱。

開元二年春，大旱。十二年七月，河東、河北旱，帝親禱雨宮中，設壇席，暴立三日。九月，蒲、同等州旱。十四年秋，諸道州十五，旱。十五年，諸道州十七，旱。十六年，東都、河南、宋亳等州旱。二十四年夏，旱。

永泰元年春、夏，旱。二年，關內大旱，自三月不雨，至于六月。

大曆六年春，旱，至于八月。

建中三年，自五月不雨，至于七月。

興元元年冬，大旱。

貞元元年春，旱，無麥苗，至于八月，旱甚，灞、滻將竭，井皆無水。六年春，關輔大旱，無麥苗；夏，淮南、浙西、福建等道大旱，井泉竭，人暍且疫，死者甚衆。七年，揚、楚、滁、壽、澧等州旱。十四年春，旱，無麥。十五年夏，旱。十八年夏，申、光、蔡州旱。十九年正月，不雨，至七月甲戌乃雨。

永貞元年秋，江浙、淮南、荆南、湖南、鄂岳陳許等州二十六，旱。

元和三年，淮南、江南、江西、湖南、廣南、山南東西皆旱。四年春、夏，大旱；秋，淮南、浙西、江西、江東旱。七年夏，揚、潤等州旱。八年夏，同、華二州大旱。十五年夏，旱。

寶曆元年秋，荆南、淮南、浙西、江西、湖南及宣、襄、鄂等州旱。

大和元年夏，京畿、河中、同州旱。六年，河東、河南、關輔旱。七年秋，大旱。八年夏，江淮及陝、華等州旱。九年秋，京兆、河南、河中、陝華同等州旱。

開成二年春、夏，旱。四年夏，旱，浙東尤甚。

會昌五年春，旱。六年春，不雨；冬，又不雨，至明年二月。

大中四年，大旱。

咸通二年秋，淮南、河南不雨，至于明年六月。九年，江淮旱。十年夏，旱。十一年夏，旱。

廣明元年春、夏，大旱。

中和四年，江南大旱，饑，人相食。

景福二年秋，大旱。

光化三年冬，京師旱，至于四年春。

詩妖。

竇建德未敗時，有謠曰：「豆入牛口，勢不得久。」

貞觀十四年，交河道行軍大總管侯君集伐高昌。先是其國中有童謠曰：「高昌兵馬如霜雪，漢家兵馬如日月，日月照霜雪，回首自消滅。」

永徽後，民歌武媚娘曲。

調露初，京城民謠有「側堂堂，橈堂堂」之言。太常丞李嗣眞曰：「側者，不正；橈者，不安。自隋以來，樂府有堂堂曲，再言堂堂者，唐再受命之象。

永淳元年七月，東都大雨，人多殍殕。先是童謠曰：「新禾不入箱，新麥不入場，迨及八九月，狗吠空垣牆。」

高宗自調露中欲封嵩山，屬突厥叛而止；後又欲封，以吐蕃入寇遂停。時童謠曰：「嵩山凡幾層，不畏登不得，但恐不得登，三度徵兵馬，傍道打騰騰。」

永徽末，里歌有桑條韋也、女時韋也樂。

龍朔中，時人飲酒令曰：「子母相去離，連臺拗倒。」俗謂盃盤爲子母，又名盤爲臺。又里歌有突厥鹽。

永淳後，民歌曰：「楊柳楊柳漫頭駝。」

垂拱後，東都有契苾兒歌，皆淫豔之詞。契苾，張易之小字也。

如意初，里歌曰：「黃麞黃麞草裏藏，彎弓射爾傷。」其後，王孝傑敗於黃麞谷。

神龍以後，民謠曰：「山南烏鵲窠，山北金駱駝，鐮柯不鑿孔，斧子不施柯。」山南，唐也，烏鵲窠者，人居寡也；山北，胡也，金駱駝者，虜獲而重載也。安樂公主於洛州造安樂寺，童謠曰：「可憐安樂寺，了了樹頭懸。」

景龍中，民謠曰：「黃牸犢子挽紖斷，兩足踏地鞵韈斷，城南黃牸犢子韋。」又有阿緯娘歌。時又謠曰：「可憐聖善寺，身著緑毛衣，牽來河裏飲，踏殺鯉魚兒。」

玄宗在潞州，有童謠曰：「羊頭山北作朝堂。」

天寶中，有術士李遐周於玄都觀院廡間爲詩曰：「燕市人皆去，函關馬不歸，人逢山下鬼，環上繫羅衣。」而人皆不悟，近詩妖也。又祿山未反時，童謠曰：「燕燕飛上天，天上女兒鋪白氈，氈上有千錢。」時幽州又有謠曰：「舊來誇戴竿，今日不堪看，但看五月裏，清水河邊見契丹。」

德宗時，或爲詩曰：「此水連涇水，雙眸血滿川，青牛逐朱虎，方號太平年。」近詩妖也。朱泚未敗前兩月，有童謠曰：「一隻筯，兩頭朱，五六月，化爲胆。」

元和初，童謠曰：「打麥打麥三三三。」乃轉身曰：「舞了也。」

大中末，京師小兒疊布漬水，紐之向日，謂之曰「拔暈」。

咸通七年，童謠曰：「草青青，被嚴霜，鵲始後，看顚狂。」十四年，成都童謠曰：「咸通癸巳，出無所之，蛇去馬來，道路稍開，頭無片瓦，地有殘灰。」是歲，歲陰在巳，明年在午。巳蛇也；午，馬也。

僖宗時，童謠曰：「金色蝦蟆爭努眼，翻却曹州天下反。」

乾符六年，童謠曰：「八月無霜寒草青，將軍騎馬出空城，漢家天子西巡狩，猶向江東更索兵。」

中和初，童謠曰：「黃巢走，泰山東，死在翁家翁。」

訛言。

貞觀十七年七月，民訛言官遣棖棖殺人，以祭天狗。云其來也，身衣狗皮，鐵爪，每於闇中取人心肝而去。於是更相震怖，每夜驚擾，皆引弓劍自防，無兵器者剡竹爲之，郊外不敢獨行。太宗惡之，令通夜開諸坊門，宣旨慰諭，月餘乃止。

武后時，民飲酒謳歌，曲終而不盡者，謂之「族鹽」。

開元二十七年十月，改作東都明堂，訛言官取小兒埋明堂下，以爲厭勝。村野兒童藏于山谷，都城騷然，或言兵至。玄宗惡之，遣使慰諭，久之乃止。

天寶三載二月辛亥，有星如月，墜于東南，墜後有聲，京師訛言官遣棖棖捕人，取肝以祭天狗，人頗恐懼，畿內尤甚，遣使安諭之，與貞觀十七年占同。

天寶後，詩人多爲憂苦流寓之思，及寄興于江湖僧寺。而樂曲亦多以邊地爲名，有伊州、甘州、涼州等，至其曲遍繁聲，皆謂之「入破」。又有胡旋舞，本出康居，以旋轉便捷爲巧，時又尚之。破者，蓋破碎云。

建中三年秋，江淮訛言有毛人食其心，人情大恐。朱泚既僭號，名其舊第曰潛龍宮，移內府珍貨以實之。占者以爲易稱「潛龍勿用」，此敗祥也。

大和九年，京師訛言鄭注爲上合金丹，生取小兒心肝，密旨捕小兒無算。往往陰相告曰：「某處失幾兒矣。」方士言金丹可致神仙，蓋誕妄不經之語，或信而服之，則發熱多死，如有所戒云。小兒，無辜者，取其心肝，將有殺戮象。

劉從諫未死時，潞州有狂人折腰於市曰：「石雄七千人至矣。」從諫捕斬之。

咸通十四年秋，成都訛言有猰母鬼夜入人家，民皆恐，夜則聚坐。或曰某家見鬼，眼晃然如燈焰，民益懼。

黃巢未入京師時，都人以黃米及黑豆屑蒸食之，謂之「黃賊打黑賊」。僖宗時，里巷鬬者激怒，言：「任見右廂天子。」

毛蟲之孽。

永徽中，河源軍有狼三，晝入軍門，射之，斃。

永淳中，嵐、勝州兔害稼，千萬爲羣，食苗盡，兔亦不復見。

開元三年，有熊晝入揚州城。

乾元二年十月，詔百官上勤政樓觀安西兵赴陝州，有狐出于樓上，獲之。

大曆四年八月己卯，虎入京師長壽坊宰臣元載家廟，射殺之。虎，西方之屬，威猛吞噬，刑戮之象。六年八月丁丑，獲白兔于太極殿之內廊。占曰：「國有憂。白，喪祥也。」

建中三年九月己亥夜，虎入宣陽里，傷人二，詰朝獲之。

貞元二年二月乙丑，有野鹿至于含元殿前，獲之；壬申，又有鹿至于含元殿前，獲之。占曰：「有大喪。」四年三月癸亥，有鹿至京師西市門，獲之。

開成四年四月，有麞出于太廟，獲之。

犬禍。

武德三年，突厥處羅可汗將入寇，夜聞犬羣嗥而不見犬。

武后初，酷吏丘神勣家狗生子皆無首，當項有孔如口，晝夜鳴吠，俄失所在。

神功元年，安國獻兩首犬。首多者，上不一也。

天寶十一載，李林甫晨起盥飾將朝，取書囊視之，中有物如鼠，躍于地即變爲狗，壯大雄目，張牙視林甫，林甫射之，中，殺然有聲，隨箭沒。

貞元七年，趙州柏鄉民李崇貞家黃犬乳犢。

會昌三年，定州深澤令家狗生角。

大中初，狗生角。京房曰：「執正失將害之應。」又曰：「君子危陷，則狗生角。」

咸通中，會稽有狗生而不能吠，擊之無聲。狗職吠以守禦，其不能者，象鎭守者不能禦寇之兆。

咸洟爲荆南節度使，城中犬皆夜吠，日者向隱以爲城郭將丘墟。

中和二年秋，丹徒狗與彘交。占曰：「諸侯有謀害國者。」

白眚白祥。

調露元年十一月壬午，秦州神亭冶北霧開如日初耀，有白鹿、白狼見。近白祥也。

神龍二年四月己亥，雨毛于越州之鄮縣。占曰：「邪人進，賢人遁。」

大曆二年七月甲戌日入時，有白氣亙天。九月戊午夜，白霧起西北，亙天。五年五月甲申，西北有白氣亙天。

貞元二十年九月庚辰甲夜，有白氣八，東西際天。

大和三年八月，西方有白氣如柱。七年十月己酉，西方又有白氣如柱者三。

光啓二年四月，有白氣頭黑如髮，自東南入于揚州滅。

光化二年三月乙巳，日中有白氣亙天，自西南貫于東北。

天復元年八月己亥，西方有白雲如履底，中出白氣如匹練，長五丈，上衝天，分爲三𦒱，頭下垂。占曰：「天下有兵。白者，戰祥也。」

木沴金。

神龍中，東都白馬寺鐵像頭無故自落於殿門外。

天寶五載四月，宰臣李適之常列鼎具膳羞，中夜，鼎躍出相鬭不解，鼎耳及足皆折。

唐書卷三十六

志第二十六

五行三

五行傳曰：「簡宗廟，不禱祠，廢祭祀，逆天時，則水不潤下。」謂水失其性，百川逆溢，壞鄉邑，溺人民，而爲災也。又曰：「聽之不聰，是謂不謀。厥咎急，厥罰常寒，厥極貧。時則有鼓妖，時則有豕禍，時則有耳痾，時則有雷電、霜、雪、雨、雹、黑眚黑祥，惟火沴水。」

水不潤下。

貞觀三年秋，貝、譙、鄆、泗、沂、徐、豪、蘇、隴九州水。水，太陰之氣也。若臣道顓，女謁行，夷狄彊，小人道長，嚴刑以逞，下民不堪其憂，則陰類勝，其氣應而水至；其謫見于天，月及辰星與列星之司水者爲之變，若七曜循中道之北，皆水祥也。四年秋，許、戴、集三州水。七年八月，山東、河南州四十，大水。八年七月，山東、江淮大水。十年，關東及淮海旁州二十八，大水。十一年七月癸未，黃氣際天，大雨，穀水溢，入洛陽宮，深四尺，壞左掖門，毀官寺十九；洛水漂六百餘家。九月丁亥，河溢，壞陝州之河北縣及太原倉，毀河陽中潬。十六年秋，徐、戴二州大水。十八年秋，穀、襄、豫、荆、徐、梓、忠、緜、宋、亳十州大水。十九年秋，沁、易二州水，害稼。二十一年八月，河北大水，泉州海溢，驩州水。二十二年夏，瀘、越、徐、交、渝等州水。

永徽元年六月，新豐、渭南大雨，零口山水暴出，漂廬舍；宣、歙、饒、常等州大雨，水，溺死者數百人。秋，齊、定等州十六，水。二年秋，汴、定、濮、亳等州水。四年，杭、夔、果、忠等州水。五年五月丁丑夜，大雨，麟遊縣山水衝萬年宮玄武門，入寢殿，衞士有溺死者。六月，河北大水，滹沱溢，損五千餘家。六年六月，商州大水。秋，冀、沂、密、兗、滑、汴、鄭、婺等州水，害稼；洛州大水，毀天津橋。十月，齊州河溢。

顯慶元年七月，宣州涇縣山水暴出，平地四丈，溺死者二千餘人。九月，括州暴風雨，海水溢，壞安固、永嘉二縣。四年七月，連州山水暴出，漂七百餘家。

麟德二年六月，鄜州大水，壞居人廬舍。

總章二年六月，括州大風雨，海溢，壞永嘉、安固二縣，溺死者九千七十人；冀州大雨，水平地深一丈，壞民居萬家。

咸亨元年五月丙戌，大雨，山水溢，溺死五千餘人。二年八月，徐州山水漂百餘家。四年七月，婺州大雨，山水暴漲，溺死五千餘人。

上元三年八月，青州大風，海溢，漂居人五千餘家；齊、淄等七州大水。

永隆元年九月，河南、河北大水，溺死者甚衆。二年八月，河南、河北大水，壞民居十萬餘家。

永淳元年五月丙午，東都連日澍雨；乙卯，洛水溢，壞天津橋及中橋，漂居民千餘家。六月乙亥，京師大雨，水平地深數尺。秋，山東大雨，水，大饑。二年七月己巳，河溢，壞河陽橋。八月，恆州滹沱河及山水暴溢，害稼。

文明元年七月，温州大水，漂千餘家；括州溪水暴漲，溺死百餘人。

如意元年四月，洛水溢，壞永昌橋，漂居民四百餘家。七月，洛水溢，漂居民五千餘家。八月，河溢，壞河陽縣。

長壽二年五月，棣州河溢，壞居民二千餘家。是歲，河南州十一，水。

萬歲通天元年八月，徐州大水，害稼。

神功元年三月，括州水，壞民居七百餘家。是歲，河南州十九，水。

聖曆二年七月丙辰，神都大雨，洛水壞天津橋。秋，河溢懷州，漂千餘家。三年三月辛亥，鴻州水，漂千餘家，溺死四百餘人。

久視元年十月，洛州水。

長安三年六月，寧州大雨，水，漂二千餘家，溺死千餘人。四年八月，瀛州水，壞民居數千家。

神龍元年四月，雍州同官縣大雨，水，漂居民五百餘家。六月，河北州十七，大水。七月甲辰，洛水溢，壞民居二千餘家。二年四月辛丑，洛水壞天津橋，溺死數百人。八月，魏州水。

景龍三年七月，澧水溢，害稼。九月，密州水，壞民居數百家。

開元三年，河南、河北水。四年七月丁酉，洛水溢，沈舟數百艘。五年六月甲申，瀍水溢，溺死者千餘人；鞏縣大水，壞城邑，損居民數百家；河南水，害稼。八年夏，契丹寇營州，發關中卒援之，宿澠池之缺門，營穀水上，夜半，山水暴至，萬餘人皆溺死。六月庚寅夜，穀、洛溢，入西上陽宮，宮人死者十七八；畿內諸縣田稼廬舍蕩盡，掌閑衛兵溺死千餘人，京師興道坊一夕陷爲池，居民五百餘家皆沒不見。是年，鄧州三鴉口大水塞谷，或見二小兒以水相沃，須臾，有蛇大十圍，張口仰天，人或斫射之，俄而暴雷雨，漂溺數百家。十年五月辛酉，伊水溢，毀東都城東南隅，平地深六尺；河南許、仙、豫、陳、汝、唐、鄧等州大水，害稼，漂沒民居，溺死者甚衆。六月，博州、棣州河決。十二年六月，豫州大水。八月，兗州大水。十四年秋，天下州五十，水，河南、河北尤甚，河及支川皆溢，懷、衞、鄭、滑、汴、濮人或巢或舟以居，死者千計；潤州大風自東北，海濤沒瓜步。十五年五月，晉州大水。七月，鄧州大水，溺死數千人；洛水溢，入鄜城，平地丈餘，死者無算，壞同州城市及馮翊縣，漂居民二千餘家。八月，澗、穀溢，毀澠池縣。是秋，天下州六十三，大水，害稼及居人廬舍，河北尤甚。十七年八月丙寅，越州大水，壞州縣城。十八年六月壬午，東都瀍水溺揚、楚等州租船，洛水壞天津、永濟二橋及民居千餘家。十九年秋，河南水，害稼。二十年秋，宋、滑、兗、鄆等州大水。二十二年秋，關輔、河南州十餘，水，害稼。二十七年三月，澧、袁、江等州水。二十八年十月，河南郡十三，水。二十九年七月，伊、洛及支川皆溢，害稼，毀天津橋及東西漕、上陽宮仗舍，溺死千餘人。是秋，河南、河北郡二十四，水，害稼。天寶四載九月，河南、淮陽、睢陽、譙四郡水。十載，廣陵大風駕海潮，沈江口船數千艘。十三載九月，東都瀍、洛溢，壞十九坊。廣德元年九月，大雨，水平地數尺，時吐蕃寇京畿，以水自潰去。二年五月，東都大雨，洛水溢，漂二十餘坊；河南諸州水。

大曆元年七月，洛水溢。二年秋，湖南及河東、河南、淮南、浙東西、福建等道州五十五水災。七年二月，江州江溢。十年七月，杭州海溢。十一年七月戊子，夜澍雨，京師平地水尺餘，溝渠漲溢，壞民居千餘家。十二年秋，京畿及宋、亳、滑三州大雨水，害稼，河南尤甚，平地深五尺，河溢。

建中元年，幽、鎭、魏、博大雨，易水、滹沱橫流，自山而下，轉石折樹，水高丈餘，苗稼蕩盡。

貞元二年六月丁酉，大風雨，京城通衢水深數尺，有溺死者。東都、河南、荊南、淮南江河溢。三年三月，東都、河南、江陵、汴揚等州大水。四年八月，灞水暴溢，殺百餘人。八年秋，自江淮及荊、襄、陳、宋至于河朔州四十餘，大水，害稼，溺死二萬餘人，漂沒城郭廬舍，幽州平地水深二丈，徐、鄭、涿、薊、檀、平等州，皆深丈餘。八年六月，淮水溢，平地七尺，沒泗州城。十一年十月，朗、蜀二州江溢。十二年四月，福、建二州大水，嵐州暴雨，水深二丈。十三年七月，淮水溢于亳州。十八年春，申、光、蔡等州大水。

永貞元年夏，朗州之熊、武五溪溢。秋，武陵、龍陽二縣江水溢，漂萬餘家。京畿長安等九縣山水害稼。

元和元年夏，荊南及壽、幽、徐等州大水。二年六月，蔡州大雨，水平地深數尺。四年十月丁未，渭南暴水，漂民居二百餘家。六年七月，鄜坊、黔中水。七年正月，振武河溢，毀東受降城；五月，饒、撫、虔、吉、信五州暴水，虔州尤甚，平地有深至四丈者。八年五月，陳州、許州大雨，大隗山摧，水流出，溺死者千餘人。六月庚寅，大風，毀屋揚瓦，人多壓死；京師大水，城南深丈餘，入明德門，猶漸車輻。辛卯，渭水漲，絕濟。時所在百川發溢，多不由故道。滄州水潦，浸鹽山等四縣。九年秋，淮南及岳、安、宣、江、撫、袁等州大水，害稼。十一年五月，京畿大雨水，昭應尤甚；衢州山水害稼，深三丈，毀州郭，溺死百餘人。六月，密州大風雨，海溢，毀城郭；饒州浮梁、樂平二縣暴雨，水，漂沒四千餘戶；潤、常、潮、陳、許五州及京畿水〔二〕，害稼。八月甲午，渭水溢，毀中橋。十二年六月乙酉，京師大雨，水，含元殿一柱傾，市中水深三尺，毀民居二千餘家；河南、河北大水，洺、邢尤甚，平地二丈；河中、江陵、幽澤潞晉隰蘇台越州水，害稼。十三年六月辛未，淮水溢。十五年秋，洪、吉、信、滄等州水。

長慶二年七月，河南陳、許、蔡等州大水；好畤山水漂民居三百餘家；處州大雨，水，平地深八尺，壞城邑、桑田太半。四年夏，蘇、湖二州大雨，水，太湖決溢；睦州及壽州之霍山山水暴出；鄆、曹、濮三州雨，水壞州城、民居、田稼略盡；襄、均、復、郢四州漢水溢決。秋，河南及陳、許二州水，害稼。

寶曆元年秋，鄜、坊二州暴水；兗、海、華三州及京畿奉天等六縣水，害稼。

大和二年夏，京畿及陳、滑二州水，害稼；河陽水，平地五尺；河決，壞棣州城；越州大風，海溢；河南鄆、曹、濮、淄、青、齊、德、兗、海等州並大水。三年四月，同官縣暴水，漂沒三百餘家；宋、亳、徐等州大水，害稼。四年夏，江水溢，沒舒州太湖、宿松、望江三縣民田數百戶；鄜、坊水，漂三百餘家；浙西、浙東、宣歙、江西、鄜坊、山南東道、淮南、京畿、河南、江南、荆襄、鄂岳、湖南大水，皆害稼。五年六月，玄武江漲，高二丈，溢入梓州羅城；淮西、浙東、浙西、荆襄、岳鄂、東川大水，害稼。六年二月，蘇、湖二州大水。六月，徐州大雨，壞民居九百餘家。七年秋，浙西及揚、楚、舒、廬、壽、滁、和、宣等州大水，害稼。八年秋，江西及襄州水，害稼；蘄州湖水溢；滁州大水，溺萬餘戶。

開成元年夏，鳳翔麟遊縣暴雨，水，毁九成宫，壞民舍數百家，死者百餘人。七月，鎮州滹沱河溢，害稼。三年夏，河決，浸鄭、滑外城；陳、許、鄜、坊、鄂、曹、濮、襄、魏、博等州大水；江、漢漲溢，壞房、均、荆、襄等州民居及田產殆盡；蘇、湖、處等州水溢入城，處州平地八尺。四年秋，西川、滄景、淄青大雨，水，害稼及民廬舍，德州尤甚，平地水深八尺。五年七月，鎮州及江南水。

會昌元年七月，江南大水，漢水壞襄、均等州民居甚衆。

大中十二年八月，魏、博、幽、鎭、兗、鄆、滑、汴、宋、舒、壽、和、潤等州水，害稼；徐、泗等州水深五丈，漂沒數萬家。十三年夏，大水。

咸通元年，潁州大水。四年閏六月，東都暴水，自龍門毀定鼎、長夏等門，漂溺居人。七月，東都、許汝徐泗等州大水，傷稼。九月，孝義山水深三丈，破武牢關金城門汜水橋。六年六月，東都大水，漂壞十二坊，溺死者甚衆。七年夏，江淮大水。秋，河南大水，害稼。十四年八月，關東、河南大水。

乾符三年，關東大水。

光化三年九月，浙江溢，壞民居甚衆。

乾寧三年四月，河圮于滑州，朱全忠決其堤，因爲二河，散漫千餘里。

常寒。

顯慶四年二月壬子，大雨雪。方春，少陽用事，而寒氣脅之，古占以爲人君刑法暴濫之象。近常寒也。

咸亨元年十月癸酉，大雪，平地三尺，人多凍死。

儀鳳三年五月丙寅，高宗在九成宮，霖雨，大寒，兵衞有凍死者。

開耀元年冬，大寒。

久視元年三月，大雪。

神龍元年三月乙酉，睦州暴寒且冰。

開元二十九年九月丁卯，大雨雪，大木偃折。

大曆四年六月伏日，寒。

貞元元年正月戊戌，大風雪，寒；丙午，又大風雪，寒，民飢，多凍死者。十二年十二月，大雪甚寒，竹柏柿樹多死。占曰：「有德遭險，厥災暴寒。」十九年三月，大雪。二十年二月庚戌，始雷，大雨雹，震電，大雨雪。既雷則不當雪，陰脅陽也，如魯隱公之九年。

元和六年十二月，大寒。八年十月，東都大寒，霜厚數寸，雀鼠多死。十二年九月己丑，雨雪，人有凍死者。十五年八月己卯，同州雨雪，害稼。

長慶元年二月，海州海水冰，南北二百里，東望無際。

大和六年正月，雨雪踰月，寒甚。九年十二月，京師苦寒。

會昌三年，春寒，大雪，江左尤甚，民有凍死者。

咸通五年冬，隰、石、汾等州大雨雪，平地深五尺。

景福二年二月辛巳，曹州大雪，平地二尺。

天復三年三月，浙西大雪，平地三尺餘，其氣如煙，其味苦。十二月，又大雪，江海冰。天祐元年九月壬戌朔，大風，寒如仲冬。是冬，浙東、浙西大雪。吳、越地氣常燠而積雪，近常寒也。

鼓妖。

武德三年二月丁丑，京師西南有聲如崩山。近鼓妖也。說者以爲人君不聰，爲衆所惑，則有聲無形，不知所從生。

天授元年九月，檢校內史宗秦客拜日，無雲而雷震。近鼓妖也。

貞元十三年六月丙寅，天晦，街鼓不鳴。

中和二年十月，西北方無雲而雷。

天復三年十月甲午，有大聲出于宣武節度使廳事。近鼓妖也。

魚孽。

如意中，濟源路敬淳家水碾柱將壞，易之爲薪，中有鮎魚長尺餘，猶生。近魚孽也。

開元四年，安南都護府江中有大蛇，首尾橫出兩岸，經日而腐，寸寸自斷。數日，江魚盡死，蔽江而下，十十五五相附著，江水臭。

神龍中，渭水有蝦蟆大如鼎，里人聚觀，數日而失。是歲大水。

元和十四年二月，晝，有魚長尺餘，墜於鄆州市，良久乃死。魚失水而墜于市，敗滅象也。

開成二年三月壬申，有大魚長六丈，自海入淮，至濠州招義，民殺之。近魚孽也。

乾符六年，汜水河魚逆流而上，至垣曲、平陸界。魚，民象，逆流而上，民不從君令也。

光啓二年，揚州雨魚。占如元和十四年。

蝗。

武德六年，夏州蝗。蝗之殘民，若無功而祿者然，皆貪撓之所生。先儒以爲人主失禮煩苛則旱，魚螺變爲蟲蝗，故以屬魚孽。

貞觀二年六月，京畿旱蝗。太宗在苑中掇蝗祝之曰：「人以穀爲命，百姓有過，在予一人，但當蝕我，無害百姓。」將吞之，侍臣懼帝致疾，遽以爲諫。帝曰：「所冀移災朕躬，何疾之避？」遂吞之。是歲，蝗不爲災。三年五月，徐州蝗。秋，德、戴、廓等州蝗。四年秋，觀、兗、遼等州蝗。二十一年秋，渠、泉二州蝗。

永徽元年，夔、絳、雍、同等州蝗。

永淳元年三月，京畿蝗，無麥苗。六月，雍、岐、隴等州蝗。

長壽二年，台、建等州蝗。

開元三年七月，河南、河北蝗。四年夏，山東蝗，蝕稼，聲如風雨。二十五年，貝州蝗，有白鳥數千萬，羣飛食之，一夕而盡，禾稼不傷。

廣德二年秋，蝗，關輔尤甚，米斗千錢。

興元元年秋，螟蝗自山而東際于海，晦天蔽野，草木葉皆盡。

貞元元年夏，蝗，東自海，西盡河、隴，羣飛蔽天，旬日不息，所至草木葉及畜毛靡有孑遺，餓殣枕道，民蒸蝗，曝，颺去翅足而食之。

永貞元年秋，陳州蝗。

元和元年夏，鎭、冀等州蝗。

長慶三年秋，洪州螟蝗害稼八萬頃。

開成元年夏，鎭州、河中蝗，害稼。二年六月，魏博、昭義、淄青、滄州、兗海、河南蝗。三年秋，河南、河北鎭定等州蝗，草木葉皆盡。五年夏，幽、魏、博、鄆、曹、濮、滄、齊、德、淄、青、兗、海、河陽、淮南、虢、陳、許、汝等州螟蝗害稼。占曰：「國多邪人，朝無忠臣，居位食祿，如蟲與民爭食，故比年蟲蝗。」

會昌元年七月，關東、山南鄧唐等州蝗。

大中八年七月，劍南東川蝗。

咸通三年六月，淮南、河南蝗。六年八月，東都、同華陝虢等州蝗。七年夏，東都、同、華、陝、虢及京畿蝗。九年，江淮、關內及東都蝗。十年夏，陝、虢等州蝗。不紬無德，虐取於民之罰。

乾符二年，蝗自東而西蔽天。

光啓元年秋，蝗，自東方來，羣飛蔽天。二年，荆、襄蝗，米斗錢三千，人相食；淮南蝗，自西來，行而不飛，浮水緣城入揚州府署，竹樹幢節，一夕如剪，幡幟畫像，皆齧去其首，撲不能止。旬日，自相食盡。

豕禍。

貞觀十七年六月，司農寺豕生子，一首八足，自頸分爲二。

貞元四年二月，京師民家有豕生子，兩首四足。首多者，上不一也。是歲，宣州大雨震電，有物墮地如猪，手足各兩指，執赤班蛇食之。頃之，雲合不復見。近豕禍也。

元和八年四月，長安西市有豕生子，三耳八足，自尾分爲二。足多者，下不一也。

咸通七年，徐州蕭縣民家豕出圂舞，又牡豕多將鄰里羣豕而行，復自相噬齧。

乾符六年，越州山陰民家有豕入室內，壞器用，銜柈缶置於水次。

廣明元年，絳州稷山縣民家豕生如人狀，無眉目耳髮。占爲邑有亂。

雷電。

貞觀十一年四月甲子，震乾元殿前槐樹。震耀，天之威怒，以象殺戮；槐，古者三公所樹也。

證聖元年正月丁酉，雷。雷者陽聲，出非其時，臣竊君柄之象。

長安四年五月丁亥，震雷，大風拔木，人有震死者。

延和元年六月，河南偃師縣李材村有震電入民家，地震裂，闊丈餘，長十五里，深不可測，所裂處井廁相通，或衝冢墓，柩出平地無損。李，國姓也；震電，威刑之象；地，陰類也。

永泰元年二月甲子夜，震霆。自是無雷，至六月甲申乃雷。

大曆十年四月甲申，雷電，暴風拔木飄瓦，人有震死者，京畿害稼者七縣。

建中元年九月己卯，雷。四年四月丙子，東都畿汝節度使哥舒曜攻李希烈，進軍至潁橋，大雨震電，人不能言者十三四，馬驢多死。

貞元十四年五月己酉夏至，始雷。

元和十一年冬，雷。

長慶二年六月乙丑，大風震電，落太廟鴟尾，破御史臺樹。

大和八年七月辛酉，定陵臺大雨，震，廡下地裂二十有六步。占曰：「士庶分離，大臣專恣，不救大敗。」

會昌三年五月甲午，始雷。

咸通四年十二月，震雷。

乾符二年十二月，震雷，雨雹。

乾寧四年，李茂貞遣將符道昭攻成都，至廣漢，震雷，有石隕于帳前。

霜。

貞觀元年秋，霜殺稼。京房易傳曰：「人君刑罰妄行，則天應之以隕霜。」三年，北邊霜殺稼。

永徽二年，綏、延等州霜殺稼。

調露元年八月，邠、涇、寧、慶、原五州霜。

證聖元年六月，睦州隕霜，殺草。吳、越地燠而盛夏隕霜，昔所未有。四年四月，延州霜殺草〔三〕。四月純陽用事，象人君當布惠于天下，而反隕霜，是無陽也。

開元十二年八月，潞、綏等州霜殺稼。十五年，天下州十七，霜殺稼。

元和二年七月，邠、寧等州霜殺稼。九年三月丁卯，隕霜，殺桑。十四年四月，淄、青隕霜，殺惡草及荆棘，而不害嘉穀。

寶曆元年八月，邠州霜殺稼。

大和三年秋，京畿奉先等八縣旱霜，殺稼。

大中三年春，隕霜，殺桑。

中和元年春，霜。秋，河東旱霜，殺稼。

雹。

貞觀四年秋，丹、延、北永等州雹。

顯慶二年五月，滄州大雨雹，中人有死者。

咸亨元年四月庚午，雍州大雨雹。二年四月戊子，大雨雹，震電，大風折木，落則天門鴟尾三。先儒以爲「雹者，陰脅陽也」。又曰：「人君惡聞其過，抑賢用邪，則雹與雨俱；信讒殺無罪，則雹下毀瓦、破車、殺牛馬。」

永淳元年五月壬寅，定州大雨雹，害麥禾及桑。

天授二年六月庚戌，許州大雨雹。

證聖元年二月癸卯，滑州大雨雹，殺燕雀。

神功元年，嬀、綏二州雹。

聖曆元年六月甲午，曹州大雨雹。

久視元年六月丁亥，曹州大雨雹。

長安三年八月，京師大雨雹，人畜有凍死者。

神龍元年四月壬子，雍州同官縣大雨雹，殺鳥獸。

景龍元年四月己巳，曹州大雨雹。二年正月己卯，滄州雨雹如雞卵。

開元八年十二月丁未，滑州大雨雹。二十二年五月戊辰，京畿渭南等六縣大風雹，傷麥。

大曆七年五月乙酉，雨雹。

貞元二年六月丙子，大雨雹。十七年二月丁酉，雨雹；己亥，霜；戊申，夜，震雷，雨雹；庚戌，大雨雪而雹。五月戊寅，好時縣風雹，害麥。十八年七月癸酉，大雨雹。

元和元年，鄜、坊等州雹。十年秋，鄜、坊等州風雹，害稼。十二年夏，河南雨雹，中人有死者。十五年三月，京畿興平、醴泉等縣雹，傷麥。

長慶四年六月庚寅，京師雨雹如彈丸。

大和四年秋，鄜、坊等州雹。五年夏，京畿奉先、渭南等縣雨雹。

開成二年秋，河南雹，害稼。四年七月，鄭、滑等州風雹。五年六月，濮州雨雹如拳，殺人三十六，牛馬甚衆。

會昌元年秋，登州雨雹，文登尤甚，破瓦害稼。四年夏，雨雹如彈丸。

乾符六年五月丁酉，宣授宰臣豆盧瑑、崔沆制，殿庭氛霧四塞，及百官班賀于政事堂，雨雹如雞卵，大風雷雨拔木。

廣明元年四月甲申朔，汝州大雨風，拔街衢樹十二三；東都有雲起西北，大風隨之，長夏門內表道古槐樹自拔者十五六，宮殿鴟尾皆落，雨雹大如杯，鳥獸殪於川澤。

黑眚黑祥。

大曆二年十二月戊戌，黑氣如塵，彌漫于北方。黑氣，陰沴也。

貞元四年七月，自陝至河陰，河水黑，流入汴，至汴州城下，一宿而復。近黑祥也。占曰：「法嚴刑酷，傷水性也。五行變節，陰陽相干，氣色繆亂，皆敗亂之象。」十四年，潤州有黑氣如隄，自海門山橫亙江中，與北固山相峙，又有白氣如虹自金山出，與黑氣交，將旦而沒。

大和四年正月壬寅，黑氣如帶，東西際天。

咸通十四年七月，僖宗即位，是日，黑氣如盤，自天屬含元殿庭。

火沴水。

武德九年二月，蒲州河清。襄楷以爲：「河，諸侯象；清，陽明之效也。」

貞觀十四年二月，陝州、泰州河清。十六年正月，懷州河清。十七年十二月，鄭州、滑州河清。二十三年四月，靈州河清。

永徽元年正月，濟州河清。二年十二月，衞州河清。五年六月，濟州河清十六里。

調露二年夏，豐州河清。

長安初，醴泉坊太平公主第井水溢流。又并州文水縣猷水竭，武氏井溢。

神龍二年三月壬子，洛陽城東七里，地色如水，樹木車馬，歷歷見影，漸移至都，月餘乃滅，長安街中往往見水影。昔苻堅之將死也，長安嘗有是。

景龍四年三月庚申，京師井水溢。占曰：「君凶。」又曰：「兵將起。」

開元二十二年八月，清夷軍黃帝祠古井湧浪。二十五年五月，淄州、棣州河清。二十九年，亳州老子祠九井涸復湧。

乾元二年七月，嵐州合河關河三十里清如井水，四日而變。

寶應元年九月甲午，太州至陝州二百餘里河清，澄澈見底。

大曆末，深州束鹿縣中有水影長七八尺，遙望見人馬往來，如在水中，及至前，則不見水。

建中四年五月乙巳，滑州、濮州河清。

貞元十四年閏五月乙丑，滑州河清。二十一年夏，越州鏡湖竭〔三〕。是歲，朗州熊、武五溪水鬬。占曰：「山崩川竭，國必亡。」又曰：「方伯力政，厥異水鬬。」

開成二年夏，旱，揚州運河竭。

大中八年正月，陝州河清。

咸通八年七月，泗州下邳雨湯，殺鳥雀。水沸于火，則可以傷物，近火沴水也。雨者，自上而降；鳥雀，民象。

中和三年秋，汴水入于淮水鬭，壞船數艘。

廣明元年夏，汝州峴陽峯龍池涸。近川竭也。

五行傳曰：「皇之不極，是謂不建。厥咎眊，厥罰常陰，厥極弱。時則有射妖，時則有龍蛇之孽，時則有馬禍，時則有下人伐上之痾，時則有日月亂行，星辰逆行。」謂木金火水土沴天也。

常陰。

長安四年，自九月霖雨陰晦，至于神龍元年正月。

貞元二十一年秋，連月陰曀。

元和十五年正月庚辰至于丙申，晝常陰晦，微雨雪，夜則晴霽。占曰：「晝霧夜晴，臣志得申。」

咸通十四年七月，靈州陰晦。

乾符六年秋，多雲霧晦冥，自旦及禺中乃解。

光啓元年秋，河東大雲霧。明年夏，晝陰積六十日。二年十一月，淮南陰晦雨雪，至明年二月不解。

景福二年夏，連陰四十餘日。

霧。

長壽元年九月戊戌，黃霧四塞。霧者，百邪之氣，爲陰冒陽，本于地而應于天；黃爲土，土爲中宮。

神龍二年三月乙巳，黃霧四塞。

景龍二年八月甲戌，黃霧昏濁不雨。二年正月丁卯，黃霧四塞。十一月甲寅，日入後，昏霧四塞，經二日乃止。占曰：「霧連日不解，其國昏亂。」

開元五年正月戊辰，昏霧四塞。

天寶十四載冬三月，常霧起昏暗，十步外不見人，是謂晝昏。占曰：「有破國。」

至德二載四月，賊將武令珣圍南陽，白霧四塞。

上元元年閏四月，大霧。占曰：「兵起。」

貞元十年三月乙亥，黃霧四塞，日無光。

咸通九年十一月，龐勛圍徐州，甲辰，大霧昏塞，至于丙午。

光化四年冬，昭宗在東內，武德門內煙霧四塞，門外日色皎然。

虹蜺。

武德初，隋將堯君素守蒲州，有白虹下城中。

唐隆元年六月戊子，虹蜺亙天。蜺者，斗之精。占曰：「后妃陰脅王者。」又曰：「五色迭至，照于宮殿，有兵。」

延和元年六月，幽州都督孫佺帥兵襲奚，將入賊境，有白虹垂頭于軍門。占曰：「其下流血。」

至德二載正月丙子，南陽夜有白虹四，上亙百餘丈。

元和十三年十二月丙辰，有白虹闊五尺，東西亙天。

會昌四年正月己酉，西方有白虹。

咸通元年七月己酉朔，白虹橫亙西方。九年七月戊戌，白虹橫亙西方。

光啓二年九月，白虹見西方。十月壬辰夜，又如之。

天復三年三月庚申，有曲虹在日東北。

龍蛇孽。

貞觀八年七月，隴右大蛇屢見。蛇，女子之祥；大者，有所象也。又汾州青龍見，吐物在空中，光明如火，墮地地陷，掘之得玄金，廣尺，長七寸。

顯慶二年五月庚寅，有五龍見于岐州之皇后泉。

先天二年六月，京師朝堂塼下有大蛇出，長丈餘，有大蝦蟆如盤，而目赤如火，相與鬭，俄而蛇入于大樹，蝦蟆入于草。蛇、蝦蟆，皆陰類；朝堂出，非其所也。

開元四年六月，郴州馬嶺山下有白蛇與黑蛇鬭，白蛇長六七尺，吞黑蛇，至腹，口眼血流，黑蛇長丈餘，頭穿白蛇腹出，俱死。

天寶中，洛陽有巨蛇，高丈餘，長百尺，出芒山下，胡僧無畏見之曰：「此欲決水瀦洛城。」卽以天竺法呪之，數日蛇死。十四載七月，有二龍鬭于南陽城西。易坤：「上六，龍戰于野。」文言曰：「陰疑于陽必戰。」

至德元載八月朔，成都丈人廟有肉角蛇見。二載三月，有蛇鬭于南陽門之外，一蛇死，一蛇上城。

建中二年夏，趙州寧晉縣沙河北，有棠樹甚茂，民祠之爲神。有蛇數百千自東西來，趨北岸者聚棠樹下，爲二積，留南岸者爲一積，俄有徑寸龜三，繞行，積蛇盡死，而後各登其積。野人以告。蛇腹皆有瘡，若矢所中。刺史康日知圖其事，奉三龜來獻。四年九月戊寅，有龍見于汝州城壕。龍，大人象，其潛也淵，其飛也天；城壕，失其所也。

貞元末，資州得龍丈餘，西川節度使韋臯匣而獻之，百姓縱觀，三日，爲煙所薰而死。

大和二年六月丁丑，西北有龍鬬。三年，成都門外有龍與牛鬬。

開成元年，宮中有衆蛇相與鬬。

光化三年九月，杭州有龍鬬于浙江，水溢，壞民廬舍。占同天寶十四載。

光啓二年冬，鄜州洛交有蛇見于縣署，復見于州署。蛇，冬則蟄，易曰：「龍蛇之蟄，以存身也。」

馬禍。

義寧二年五月戊申，有馬生角，長二寸，末有肉。角者，兵象。

武德三年十月，王世充僞左僕射韋霽馬生角，當項。

永隆二年，監牧馬大死，凡十八萬疋。馬者，國之武備，天去其備，國將危亡。

文明初，新豐有馬生駒，二首同項，各有口鼻，生而死。又咸陽牝馬生石，大如升，上徵有緑毛。皆馬禍也。

開元十二年五月，太原獻異馬駒，兩肋各十六，肉尾無毛。二十五年，濮州有馬生駒，肉角。二十九年三月，滑州刺史李邕獻馬，肉鬉鱗臆，嘶不類馬，日行三百里。

建中四年五月，滑州馬生角。

大和九年八月，易定馬飲水，因吐珠一，以獻。

開成元年六月，揚州民明齊家馬生角，長一寸三分。

會昌元年四月，桂州有馬生駒，三足，能隨羣于牧。

咸通三年，郴州馬生角。十一年，沁州綿上及和川牡馬生子，皆死。京房易傳曰：「方伯分威，厥妖牡馬生子。」

乾符二年，河北馬生人。

中和元年九月，長安馬生人。京房易傳曰：「諸侯相伐，厥妖馬生人。」一曰：「人流亡。」二年二月，蘇州嘉興馬生角。

光啓二年夏四月，僖宗在鳳翔，馬尾皆咤蓬如篲。咤，怒象。

文德元年，李克用獻馬二，肘膝皆有鬣，長五寸許，蹄大如七寸甌。

人痾。

武德四年，太原尼志覺死，十日而蘇。

貞觀十九年，衞州人劉道安頭生肉角，隱見不常，因以惑衆，伏誅。角，兵象；肉，不可以觸者。

永徽六年，淄州高苑民吳威妻、嘉州民辛道護妻皆一產四男。凡物反常則爲妖，亦陰氣盛則母道壯也。

顯慶三年，普州有人化爲虎。虎，猛噬而不仁。

儀鳳三年四月，涇州獻二小兒，連心異體。初，鶉觚縣衞士胡萬年妻吳生一男一女，其胸相連，餘各異體，乃析之，則皆死；又產，復然，俱男也，遂育之，至是四歲，以獻于朝。

永隆元年，長安獲女魃，長尺有二寸，其狀怪異。詩曰：「旱魃爲虐，如炎如焚。」是歲秋，不雨，至于明年正月。

永隆二年九月，萬年縣女子劉凝靜衣白衣，從者數人，升太史令廳，問比有何災異。令執之以聞。是夜，彗星見。太史司天文、曆候，王者所以奉若天道、恭授民時者，非女子所當問。

載初中，涪州民范端化爲虎。

神功元年一月庚子，有人走入端門，又入則天門，至通天宮，閽及仗衞不之覺。時來俊臣婢產肉塊如二升器，剖之有赤蟲，須臾化爲蜂，螫人而去。

久視二年正月，成州有大人跡見。

長安中，郴州佐史因病化爲虎，欲食其嫂，擒之，乃人也，雖未全化，而虎毛生矣。

太極元年，狂人段萬謙潛入承天門，登太極殿，升御牀，自稱天子，且言：「我李安國也，人相我年三十二當爲天子。」

開元二十三年四月，冀州獻長人李家寵，八尺有五寸。

大曆十年二月，昭應婦人張產一男二女。

貞元八年正月丁亥，許州人李狗兒持仗上含元殿擊欄檻，伏誅。十年四月，恆州有巨人跡見。十五年正月戊申，狂人劉忠詣銀臺，稱白起令上表，天下有火災。十七年十一月，翰林待詔戴少平死十有六日而蘇。是歲，宣州南陵縣丞李嶷死，已殯三十日而蘇。

元和二年，商州洪崖冶役夫將化爲虎，衆以水沃之，不果化。

長慶四年三月，民徐忠信潛入浴堂門。

寶曆二年十二月，延州人賀文妻一產四男。

大和二年十月，狂人劉德廣入含元殿。

咸通七年，渭州有人生角寸許。占曰：「天下有兵。」十三年四月，太原晉陽民家有嬰兒，兩頭異頸，四手聯足。此天下不一之妖。是歲，民皇甫及年十四，暴長七尺餘，長啜大嚼，三倍如初，歲餘死。

乾符六年秋，蜀郡婦人尹生子首如豕，目在腋下。占曰：「君失道。」

光啓元年，隰州温泉民家有死者，既葬且半月，行人聞聲呼地下，其家發之，則復生，歲餘乃死。二年春，鳳翔郿縣女子未齓化爲丈夫，旬日而死。京房易傳曰：「茲謂陰昌，賊人爲王。」

大順元年六月，資州兵王全義妻如孕，覺物漸下入股，至足大拇，痛甚，坼而生珠如彈丸，漸長大如杯。

天祐二年五月，潁州汝陰民彭文妻一產三男。

疫。

貞觀十年，關內、河東大疫。十五年三月，澤州疫。十六年夏，穀、涇、徐、戴、虢五州疫。十七年夏，潭、濠、廬三州疫。十八年，廬、濠、巴、普、郴五州疫。二十二年，卿州大疫。

永徽六年三月，楚州大疫。

永淳元年冬，大疫，兩京死者相枕於路。占曰：「國將有恤，則邪亂之氣先被于民，故疫。」

景龍元年夏，自京師至山東、河北疫，死者千數。

寶應元年，江東大疫，死者過半。

貞元六年夏，淮南、浙西、福建道疫。

元和元年夏，浙東大疫，死者太半。

大和六年春，自劍南至浙西大疫。

開成五年夏，福、建、台、明四州疫。

咸通十年，宣、歙、兩浙疫。

大順二年春，淮南疫，死者十三四。

天鳴。

天寶十四載五月，天鳴，聲若雷。占曰：「人君有憂。」

貞元二十一年八月，天鳴，在西北。

中和三年三月，浙西天鳴，聲如轉磨。

無雲而雨。

元和十二年正月乙酉，星見而雨。占曰：「無雲而雨，是謂天泣。」

隕石。

永徽四年八月己亥，隕石于同州馮翊十八，光耀，有聲如雷。近星隕而化也。庶民惟星，自上而隕，民去其上之象。一曰：「人君爲詐妄所蔽則然。」

校勘記

〔一〕潤常潮陳許五州及京畿水　「潮」，衲、十行、汲、局本同，殿本作「朝」，舊書卷三七五行志、會要卷四四均作「湖」。按潤、常、湖三州毗連，同屬江南東道，潮州則屬嶺南道，地望不合，疑「潮」乃「湖」之誤。

〔二〕證聖元年六月……四年四月延州霜殺草　按證聖無四年，必有脫誤。

〔三〕建中四年五月乙巳滑州濮州河清貞元十四年閏五月乙丑滑州河清二十一年夏越州鏡湖竭　「貞元」二字各本原在「二十一年」上。按建中無十四年。查册府卷二五，滑州河清在貞元十四年閏五月乙丑，「貞元」二字當移至「十四年」上。據改。